犬島ものがたり

アートの島の昨日・今日・明日

在本桂子

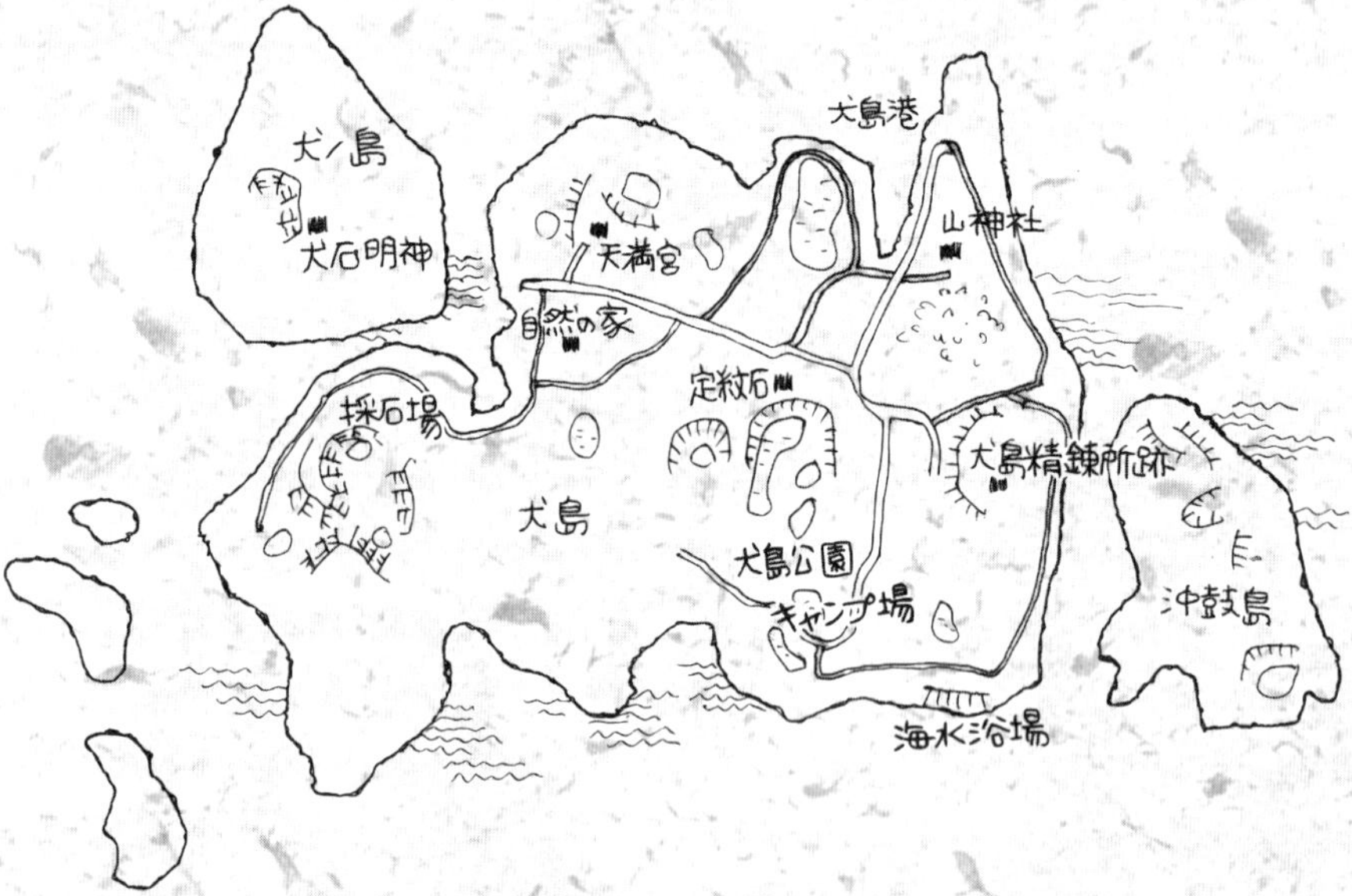
犬ノ島
犬石明神
天満宮
自然の家
大島港
山神社
採石場
定紋石
犬島
犬島精錬所跡
犬島公園
キャンプ場
沖鼓島
海水浴場

犬島ってどこ?

犬島ってご存じでしょうか。え、知らない、じゃあこれからご案内いたしましょう。「裸まつり」で有名な岡山市西大寺から、永安橋を渡って南に向かいますと神崎町です。さらに東南に進みますと宝伝へ着きます。「ワッショイ」「ワッショイ」と男たちが裸で宝木を奪い合う

この間の距離は約12キロメートルで、西大寺から宝伝まで定期バスも運行されています。

宝伝港からは定期便の「あけぼの丸」に乗船していただきます。一度に80人ほど乗れる大きな船です。自動車は積めませんので宝伝に駐車していただきます。

あけぼの丸は、宝伝と犬島の間を一日に7往復しています。約10分ほどの船旅をしていただくと、あっという間に〈別世界〉犬島へ到着いたします。犬島本島と、犬ノ島、沖鼓島、地竹の子島、沖竹の子島などを含めて犬島と呼ばれ、犬島本島は周囲約4キロ、面積0・85平方キロで40世帯、70人の人々が暮らしています。

全島が花崗岩からなり、約400年前より採石が盛んに行われ岡山城や大阪城の石垣をはじめ、日本各地に運ばれ鳥居や記念碑などに形を変えて、地域の人々に親しまれています。

気候は四季を通じて温暖で、春は島中をふんわりと包む山桜、夏は四国、屋島、五剣山を一望できる海水浴場、キャンプ場。秋は抜けるような青空の下での釣りの醍醐味、冬は水仙が島中に咲き、幸せの香りを漂わせる美しい島です。

古くは1万年以上前のサヌカイトの石器が発見されており、岡山では最も早くから人が住んでいたところといわれています。

犬島の今昔を綴りたいと思います。

どうぞ、よろしくお願いします。

犬島ものがたり●目次

プロローグ

第1章　伝説に彩られ

第2章　小さな島の大きな石

第3章　島をぐるっと

第4章　自然のめぐみ

第5章　ようこそ島へ

第6章　アートが輝く島

※本書に掲載している写真は、特別明記しているもの以外は、著者が撮影したもの、もしくは所蔵しているものです。

カバーイラスト、デザイン　村上デザイン事務所

第1章　伝説に彩られ

犬島の名前の由来

地名の由来は「備陽国誌」に「犬岩とて大なる石あり、犬がうずくまりたるに似たりけるによって名を得しにや」とあります。この犬岩にまつわるお話が菅原道真伝説です。

全盛時代の道真公が、愛犬を連れて熊野詣の途中路銀を盗まれ、宿賃の代わりに渡し守に砂1合飲ますと金1両生むという犬を預けて帰りました。ところが渡し守が欲を出し砂2合飲ませたため、犬が死んでしまったので紀ノ川に流しました。

飛ぶ鳥も落とす勢いの道真公は周りの人の妬みに遭い、延喜元（901）年九州の太宰府に左遷となりました。その途中、海上で嵐に遭い船から海に投げ出されそうになった時、どこからか聞いたことのある犬の鳴き声がするので、鳴き声をたよりに、岸辺に漕ぎ寄せてみると、かつての愛犬がいつのまにかこの島に流れ着き、犬石となって道真公の命を助けたと伝えられています。

神様が宿っている石として島民に崇敬され、犬ノ島の山頂に「犬石様」として祀られています。犬ノ島では岡山化学工業㈱が香料

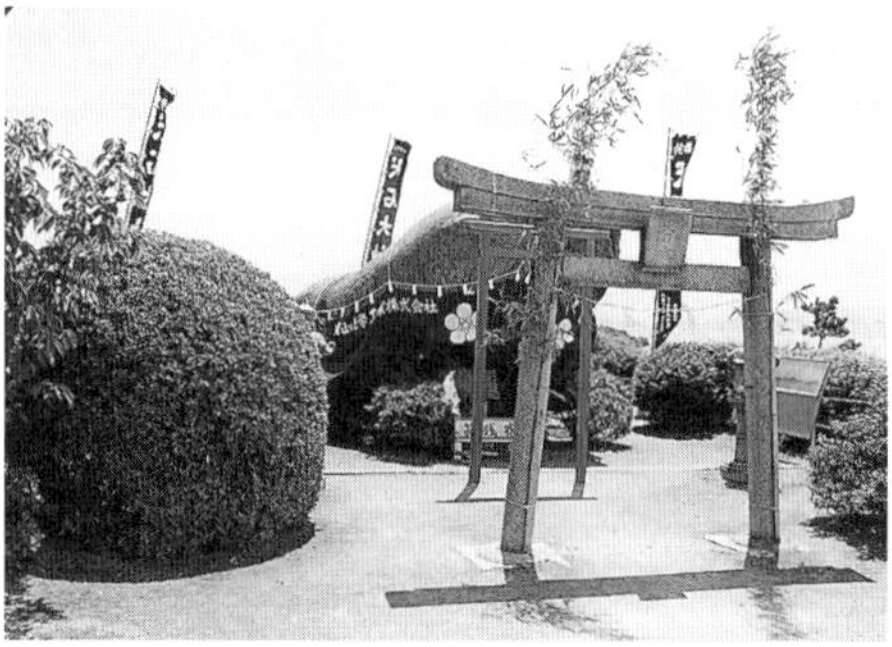

犬石様

を生産する工場として操業しており、普段は関係者以外は出入りができませんが、５月３日の犬石祭りでは本島との間を渡し船が絶えず往復し参拝者が後を断ちません。

犬石様は高さ３・６メートル周りは15メートルの大きな自然石で犬がうずくまっている姿に似ています。今日も沖ゆく船の安全を静かに見守っています。

空から見た犬島

枕草子と犬島

清少納言の「枕草子」の中にあるお話です。

平安時代、時の天皇は一条天皇とおっしゃいました。そのお妃に定子《ていし》様とおっしゃる美しい皇后様がおられました。天皇は可愛い猫を飼っておられ「命婦《みょうぶ》のおとど」と名付け大切にしておられました。命婦のおとどというのは身分の高い婦人の敬称なのです。定子皇后は勇ましく強い「翁丸」という犬を飼っておりました。

ある日、一条天皇の御猫の「命婦のおとど」を翁丸が追いかけました。猫は、宮中を駆け回り天皇の御簾の中に逃げ込みました。天皇は「この翁丸を捕らえて打て。犬島へ流し使わせ。ただいますぐに」とたいそうお怒りになり、翁丸は捕まえられ犬島へ流されました。それからしばらくして、死んでしまったと思われていた翁丸は都に舞い戻り定子様と再会しました。そしておとがめも許されて再び宮中で飼われることとなりました。

このお話は皇后定子様の父道隆と中宮彰子《しょうし》様の父道長の権力争いがモデルとなっているようです。定子様の兄たちは謀反の疑い

犬島遠望

をかけられ京を追われます。定子様はその年24歳であっけなく世を去っていくのです。いつの世も権力争いはつきもののようで、高貴な美しい定子様のことを思うと心が痛みます。

北村季吟の「春曙抄」は、この犬島は備前犬島だと解釈しており、反対する研究者もおられますが、私は「犬島だ」と思っています。古典をおこして「帰ってきた翁丸」という童話も書いております。機会があれば読んでくださいね。

桃太郎伝説と犬島

日本各地に桃太郎の伝説は数あると思いますが、やはり岡山が一番有名ではないでしょうか。

岡山の桃太郎といえば温羅《うら》伝説が有名です。吉備津神社の縁起によれば、昔、吉備の国に温羅という恐ろしい鬼神がいて、庶民を苦しめていました。そこで朝廷の命を受けた吉備津彦命が征伐に訪れ、吉備の中山（現在の吉備津神社）に陣を張って合戦となりました。長い戦いの末やっと退治をすることができました。吉備津神社には今でも鳴釜神事等が行われ桃太郎伝説を裏付けています。

犬島にも桃太郎伝説が残っています。香川の桃太郎（吉備津彦命の弟）の伝説に登場します。当時鬼たちは鬼ヶ島（女木島）から讃岐（現香川県）の鬼無《きなし》町付近へ出没して人々を苦しめていました。

桃太郎（稚武彦命《わかたけひこのみこと》）はきび団子を分け与えて「犬」たちと主従の約束をしました。犬は我が島の住人で、船乗りだったのでしょ

犬島港桟橋

うか。航海術が上手で鬼ヶ島の動静監視を行い、「猿」は讃岐国陶村《すえむら》の住人、「雉」は鬼無町雉が谷の住人だといわれています。

桃太郎は家来の犬たちと一緒に瀬戸内海の鬼ヶ島へと攻め上がり、見事に鬼退治を遂げるのです。鬼を退治していなくなったので鬼無、鬼を待ち伏せしていたので鬼待など、桃太郎伝説を裏付ける地名が香川県には残されています。

犬はほうびに島をもらいそれから犬島と呼ぶようになった、とも伝えられています。

また、北向かいの宝伝は鬼の宝を伝えたのでこう呼ぶようになったともいわれています。

人が住み始めた頃

犬島にはいつ頃から人が住んでいたのでしょうか？　古くは1万年前以上のサヌカイト（讃岐の石）の石器が発見されており、岡山では最も早く人が住んでいたところと想像されます。

西大寺市教育研修所編「伸びゆく西大寺市再訂版」によると、文明元（1469）年に犬島に天満宮が建立されたとの記録が残されていますが、約300年前の池田家所蔵の地図には無人島となっています。また、万治3（1660）年には犬島番人として山田籐兵衛が初めて任じられ月1回見回りをしたとあります。

元禄3（1690）年に玉野市番田から紋太郎家（井上家の祖）と岡山市東片岡から善太郎家（佐藤家の祖）の2軒が犬島に移ったのが人が住み始めた最初となりました。

明治32（1899）年には大阪築港の造営が始まり、犬島の石が切り出されました。「築港千軒」と呼ばれ石屋職人や船乗りさんで5000～6000人の人でごった返し、港周辺には歓楽街も建ち並びこのあたりで一番の賑わいを呈していました。

東谷の家並み

大阪築港の工事が終わる明治43（１９１０）年には銅の精錬所も操業を始め活気ある日々となりましたが、大正８（１９１９）年には銅の大暴落で精錬所も閉鎖され働いていた人々がこの地より去り２４０戸１２００人となりました。

昭和10年には日本硫黄㈱岡山工場が操業され２８０戸１５００人に増え、昭和26年には２４２戸１３５０人となっており、それからしばらくは１０００人前後の人口数が続いていました。

その後、工場の整理統合や石材業の不振により、島外で職を求める人が増え人口の減少が急速に進み、今では40戸70人が暮らす島となりました。

中世瀬戸内の流通

犬島は古来より牛窓と並ぶ瀬戸内海水運の拠点となっていた港だったようです。

室町時代中期、奈良東大寺領であった兵庫北関に入港した瀬戸内海沿岸からの文安2（1445）年1年分の船舶積載物資を記帳した「兵庫北関入船納帳」には「犬嶋」の名前が記載されています。この「犬嶋」は備前国犬嶋であり、12隻もの船の船籍地になっています。問丸も手広く商っていた二郎三郎や衛門九郎などの名があります。

入船納帳に記載されている入港船舶数は年間で2000隻にも及ぶそうで、瀬戸内海の水運の繁栄を物語るものだそうです。

船籍地、積荷数量、船主名など細かく記されていて、運ばれた物資は塩、木材、米、大豆、栗や鰯、なまこなどの海産物、備前の壺、備後のむしろ、中国山地の鉄など食料、建築資材などあらゆる生活必需品が広範囲に渡って流通していたことが「岡山県史第五巻中世Ⅱ」を読むと分かります。

犬島本島より沖鼓島を望む

さらに時代を１００年ほど下っていきますと、犬島は海賊の巣窟となっていたと「備前軍記」に記されています。日本佐奈介を頭領とする犬嶋海賊と乙子城城主であった宇喜多直家との戦いは、作家津本陽氏が『宇喜田秀家　備前物語』の中で、実に詳細に生き生きと描いています。

犬島には、東の沖に沖鼓島があり海賊の隠れ家といわれています。古老より「海賊があの島にいたんじゃあ。隠れていた洞穴に潮が当たりまるで鼓の音のようにポンポンと鳴るので沖鼓島と呼ぶようになったんじゃあ」と聞いておりました。その海賊が日本佐奈介率いる犬嶋海賊であったのでしょうか。

現在の穏やかな島からは想像できませんが、中世の犬島は経済的、軍事的に重要な拠点だったことが分かります。

穏やかな海

「釜島」は犬島?

承平6（936）年藤原純友が自ら海賊を率いて朝廷に反抗するという、承平《じょうへい》・天慶《てんぎょう》の乱を起こしました。江戸時代の通俗史書である「前太平記」には、藤原純友が備前国釜島に城を築き、朝廷の追討使と戦ったとの記述があります。この「釜島」は下津井沖の釜島であるというのが普通の読み方です。

でも、幕末の歌人、国学者として名高い平賀元義は「吉備之國地理之聞書」に「釜島。前太平記に藤原純友備前國釜島に城を築き追討使と戦ひしこと見えたり。今久々井村の内犬島なり。島の内に釜の蓋釜の内という処あり。――今児島下津井の前の釜島なりというのは誤りなり。前太平記に、犬島の瀬戸よりときを作り釜島を攻めるとあり。――下津井の釜島にあらず」と記述しています。こうはっきりいうのは、平賀元義本人が放浪していた頃、犬島に立ち寄り実際に確かめたからに違いないと思います。

現在でも犬島本島と犬石様が鎮座している犬ノ島の間の海峡を釜の瀬戸といい、犬島本島の犬島自然の家の東側の場所を釜の口

平賀元義（歌碑）

と呼んでいます。

そもそも「釜島の戦い」が後世に作られた可能性が高いようですが、本当のところはどうなのでしょう。「釜島は犬島」といった平賀元義を訪ねてＪＲ赤穂線の大多羅駅（岡山市）の近辺にある歌碑を見に行きました。線路を渡り勾配のきつい長い石段を登ります。側道には大きな竹林が続いています。布施神社の境内に着きました。石鳥居の横前に自筆の大きな歌碑が建っていました。元義は寛政12（１８００）年岡山藩の重臣池田勘解由《かげゆ》の家臣の子として生まれました。文武両道に秀でて特に歴史研究には熱心だったようです。33歳の時武士を廃業し放浪の旅に出ました。慶応元（１８６５）年大多羅に住む門人の中山家に滞在しているとき卒中で66歳で急逝しました。近くの中山家の墓所に静かに眠っています。

銅の精錬所跡

明治政府は富国強兵を唱え各地に工場が建設されました。岡山の大富豪坂本金弥氏が明治42（1909）年犬島の東の地に銅の精錬所を操業しました。

約10万平方メートルの広大な敷地にはレンガ造りで、高さは30メートルから40メートルもある大きな6本の煙突を備え、火力発電所も造りました。

当時としては超近代的な工場を建設し、その後、藤田合名会社と経営は移っても活況を呈しておりましたが、大正時代のインフレで銅の価格が大暴落、わずか10年で急に閉鎖に追い込まれました。その後住友合資会社が譲り受けましたが、稼働には至りませんでした。

当時の写真を見ると、空いっぱいに黒煙が広がりすさまじい様相を感じます。煤煙の影響で、その後数十年間は草木も生えない裸の島となりました。戦後「やしゃぶし」という煙害に強い木を植えそれから緑が徐々に増えていきました。

操業していたころの銅の精錬所

従業員は各県より集まり事務職50名職工員２００名余家族６５０名と島の人口は増加しました。会社の社宅には電灯もつけられ、精錬所専属の共楽館という演芸場もあり、港周辺には飲食店、旅館なども建ち並び、夜遅くまで三味線や太鼓の音が聞こえていました。閉鎖になって90年、跡地は風化をしながらもそのままの状態で、ヨーロッパの古城のような趣が残っています。空の青さ、海の色とマッチし絵画を見るようです。

かつて写真家緑川洋一氏もこの風景を愛でカメラに収めて紹介しています。テレビ「西部警察」の最終ロケで大がかりな爆破シーンを撮り日本中をあっといわせました。映画では今村昌平監督「カンゾー先生」で柄本明や唐十郎が駆け回り、大きな煙突も映画の画面に登場しました。平成14年には大阪の維新派が野外劇「カンカラ」を上演し、日本中から観劇に訪れ知られるところとなりました。アートの世界がここから拡がっていっています。

日本硫黄㈱岡山工場

明治30年代に大阪築港造営のため、犬島から大量の石材が大阪へと運ばれて行きました。犬島の西側にある「犬ノ島」は全島が堅牢な花崗岩で覆われていました。

その全容は天満宮に奉納されている絵馬からうかがい知ることができますが、犬ノ島の山上には犬石様が鎮座していました。

島民は神様のいらっしゃるこの島から石を掘り出すことに、2年がかりで反対したようですが、大阪市の熱意に押され採石場となりました。高い山はどんどんと掘り下げられ、犬石様も3分の1の場所へ下ろされました。

昭和に入って、整地をすれば立派な工業用地になると東京に本社のある日本硫黄㈱が進出を計画しました。昭和9年から建設工事が始まり、昭和10年には二硫化炭素炉（レトルト炉）8基が完成し、操業を始めました。炭と硫黄から二硫化炭素を作り、最盛期には炭素炉80基が稼働する大きな生産工場となりました。

福島県の沼尻に硫黄工業所を持っていて、大部分の硫黄は沼尻

日本硫黄（工場遠望）

鉄道で運ばれ、国鉄の川桁駅に接続し、東海道、山陽本線を経由して宇野駅まで回送されて、海上から犬島へと運ばれました。操業と共に福島県から従業員が多数移住してきました。西の谷に会社の社宅が建設され、犬島の人口も増え、大勢の家族が住み子どもたちの歓声が響き渡りました。社宅の広場では福島県を偲んで盆踊りが始まりました。芸達者な福島人は笛や太鼓のお囃子も上手です。

現在も島の盆踊りは「会津磐梯山」のリズムで踊っています。犬島音頭として歌詞は変えていますが……。

父もこの会社へ就職し、船から原料の荷揚げをしたり、原料の在庫管理の監督をしていました。時々当直があり、夜お弁当を持っていき、強烈な硫黄のにおいがする会社で、父と２人きりの楽しい時間を持ったことが思い出されました。

昭和43年に会社は解散し、跡地では岡山化学工業㈱が操業しています。

岡山化学工業㈱の再出発

犬ノ島で硫黄から二硫化炭素を製造していた磐梯急行電鉄㈱岡山工場が昭和42年経営不振のため倒産し、従業員71名は全員解雇されました。

その跡地と施設、従業員全員を引き受けて翌43年に曽田香料㈱岡山工場の操業が始まりました。曽田香料㈱では二硫化炭素を作る過程で着臭剤を取り出す技術があり、犬島で着臭剤の製造をスタートさせました。

元々都市ガスやプロパンガスにはにおいがありません。ガス漏れの危険を知らせるためにおいを付けているのです。

最近では会社からにおいが漏れないようになっていますが、以前はガスのにおいがかすかにしていました。私などは慣れているので気になりませんが、島外から訪れた人が「あ、ガスが漏れている」と指摘したものです。

香料の製造には水が多量に必要です。島にも昭和50年に水道が引かれ生産にも弾みがついたようで、新製品の導入を図り、化成

岡山化学工業（工場内風景）

品、無機薬品など、あらゆる香料の製造品目を増やして生産に努めましたが、業績が上がらず昭和53年には従業員の調整も図り、日本硫黄㈱時代から社宅に住んでいた人たちが次々に島を去っていきました。

業績が回復した昭和60年には岡山化学工業㈱と社名を変更し、従業員約50名で再出発しました。

ラベンダーやジャスミンなどの天然香料や合成香料など全て製造可能だそうです。松茸のにおいもそうです。合成できないにおいはないのではないでしょうか。化粧品、あらゆる食品の香りの元を作っています。皆さんの家庭にも島で製造した香りを使用したり、飲食していることと思います。

今、島には従業員が数人しか住んでいません。大多数の人は本土から通勤しています。でも島に会社があることで、経済的にも精神的にも大きな支えとなっており、大変感謝をし心強く思っています。

犬島青年会（青年団）の記録

「こんなもんがあったよ。参考になる?」と大正9年から昭和15年の青年会（昭和6年規約を改正して青年団）の名簿と事業記録を近所の人が届けてくれました。年度毎に、こよりでしっかりと留めてあります。名簿の名前は男性ばかりで、「あ、あのお爺さんだ、へえ、あの人だ」と私もよく知っている名前が並んでいます。生きておいでなら100歳はとっくに超えた懐かしい人たちで、現在島においでの人は1名だけです。虫が喰いシミがあり、大変読みづらいですが、一生懸命読み進んでいきました。

昭和2年の事業記録を少し抜粋しますと、「出征兵士祝示の為高旗立示（朝鮮竜山歩兵79連隊入営）出征兵士見送り　消防機及び付属品整理（午前12時総員）阿古屋池にて挙行す」とありますので、青年会が消防団も兼ねていたようです。明治時代に銅の精錬所の付属の建物だった共楽館という演芸場では、弁論大会も盛んに行われています。演題は「比喩的心理の基礎」「人生自然の神秘論」「人生眞使命と現代青年」などで、とても格調が高いです。

犬島青年会（共楽館前集合）

月に２回「夜学会」と称して勉強会が校長先生や軍人を講師に迎えて開かれています。「講話　国民道徳の四大説について」「道徳問題の他立、自立説（自立なるを力説）道徳無視論者及び道徳固有論者について」「唯物論及び唯心論について」「ベルクソンの直感の哲学」「軍事組織宣誓」についてなどなどです。

また島民慰安のために浪花節や漫才の興行が年２回行われています。ちょっと驚いたことは、折合金規約書があり島外から来た人が興行をする時は２円、商売は１円の折合金を徴収していたようです。

島内行事の寄付集めなど、青年会が中心となって行われていたのがよく分かりました。

船乗りさんや石屋の職人さんたちが多かった頃と思われますが、資料の行間からは戦時色の強い勇ましい、向上心いっぱいの華やいだ若者の声が聞こえてくるようです。

第2章　小さな島の大きな石

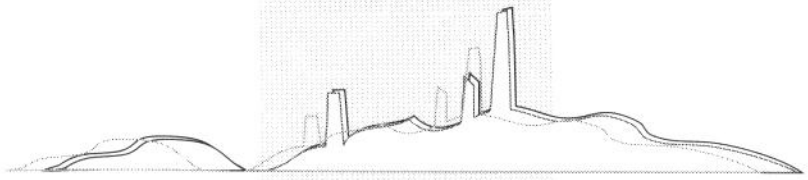

50畳というとてつもない巨石

江戸時代に犬島を訪れた人たち①

お城の石垣では最大といわれる大阪城（大坂城）の巨石は約400年前に犬島から運ばれました。横河次太夫重陳は、姫路城主池田輝政に仕え船奉行を務めていました。元和元(1615)年豊臣家の興亡をかけた大坂夏の陣の後、大阪城の天守閣等の建造物はすべて焼失し、天下は徳川家のものとなりました。元和6（1620）年大阪城再建が始まり、西国の大名たちは競って大きな石を寄進しました。池田輝政は大坂夏の陣で手柄のあった横河次太夫に、石の切り出し奉行を務めさせました。彼は巨石の出る備前犬島にやって来て陣頭指揮をとり、横8間（16メートル）縦4間（8メートル）50畳というとてつもない巨石を切り出しました。現在の技術でもなかなか大変なのに、機械のないあの時代に海上をたいへん苦心の末大阪城へ運びました。桜門のところにある「蛸石」と呼ばれる石で現在でも世界の城郭に使われている物の中では一番大きな石だそうです。

次太夫の菩提寺である明石市二見町にある「観音寺」の境内に

横河次太夫重陳

横河一族の墓地があり、その中の次太夫の墓碑四面に漢文で詳しい碑文が彫られています。それには犬島から石を運び出した後は、江戸城の修理奉行になったり、高砂城築城をしたりと特殊な技能を発揮して、多くの功績を残し、慶安2（1649）年おしくも67歳で亡くなったと刻まれています。観音寺の開基として当山にまつられています。

このことを以前某紙に書いたところ、末裔の横河電機㈱の横河安雄会長が「先祖のことを書いてくださりありがとう。是非犬島を訪ねたい」とお便りをくださり、それから賀詞の交換をしております。関東で活躍されている横河氏ですが、先祖を大切になさり観音寺の側の公園は横河安雄さんをはじめとする一族の方々が寄付なさったものだそうです。

犬島石で後世に残る大事業

江戸時代に犬島を訪れた人たち②

江戸時代に今の岡山の街の基礎を作った土木巧者津田永忠を皆さんはご存じだと思います。犬島の石を非常によく理解し、土木事業にたくさん使用しています。岡山藩郡代として池田光政と綱政の2代の藩主に仕え、岡山後楽園築庭、閑谷学校の建設、新田開発など数々の土木事業を行い、また藩政改革を手がけた素晴らしい人です。犬島とは縁があり偉人の中でも特に身近に感じ尊敬しています。

寛永17（1640）年池田家の家臣の子として生まれました。14歳で光政の側小姓となりました。光政は熊沢蕃山に儒学を学び、仁政を理想として藩政を行っていました。永忠も光政の下で儒学を学びました。その頃岡山は豪雨が続き、米の不作がたたって多くの飢人が出ました。光政は飢人救済を即座に行いました。この災害を契機に藩政の大改革を行ったのです。この改革は「承応《じょうおう》・明暦《めいれき》の改革」と呼ばれ、百姓に田畑を持たせるため新田開発を奨励しました。永忠は光政の考えをよく理解して熱心に学問をした

津田永忠

ので特に気に入られ大横目の役を与えられました。このころの学問が永忠の生涯を通して役立ったのです。

寛文５（１６６５）年26歳の時、光政は墓所の候補地を探させました。彼は領内を隈なく歩き、備前市閑谷と吉永町和意谷を選びました。視察した光政は風光明媚な閑谷が気に入り庶民の学校を建て、和意谷には池田家の墓所を建造することを命じました。28歳の永忠の初仕事です。石工も大坂より河内屋治平衛という腕の良い職人を呼びました。石はすべて犬島から切り出すことに決定しました。このことは「吉永町史」資料編「和意谷御墓出来之記」に詳しく記載されています。資料の中で津田永忠が犬島に渡り石の吟味や運搬の指示を与えた記録を読みますと、当時の様子が鮮やかに蘇るようです。この事業の成功を手始めに犬島石で後世に残る大事業を次々と成功させていったのでした。

泉州石匠・河内屋治兵衛

津田永忠が優れた土木巧者なら、その考えを忠実に守り巧みな技術で仕事を仕上げたのが、河内屋治兵衛です。このコンビで素晴らしい土木事業を犬島産の堅い石材を使用して、木造と同じくらいの経費で仕上げたというのですから驚くべき技術です。

寛文6（1666）年岡山藩主光政は和意谷に池田家の墓所を建造することを命じました。津田永忠は泉州石匠の中でも技量、人物共に優れていた河内屋治兵衛を招きました。吉永町史資料篇には池田輝政公墓碑の「御亀石出来之定法」として図面や石の寸法などが記載されています。亀石の寸法は亀の鼻穴や、亀の爪の寸法まで細かく書かれていて驚くばかりです。寛文10（1670）年和意谷墓所造営が無事終わりました。大坂に帰ろうとした治兵衛に、永忠は備前にとどまるように頼みました。そのことは「池田家履歴略記」の中の和意谷成の「覚書」に記述があります。土地屋敷を市内西中嶋町に与えられ御給米四拾五俵五人扶持で備前藩の御用石工として正式に召し抱えられました。

河内屋治兵衛夫婦の墓

永忠は直接犬島に渡り石の吟味や運搬の指示を与えたとの記述がありますが、石工の治兵衛も泊まり込んで石を切り出したのではないかと想像されます。藩御用となった治兵衛は永忠と共に次々と優れた仕事をこなしていきました。一番の大仕事は永忠配下の者に考えさせた幸島新田開発の石の掛樋です。石材を立体的に組み合わせて用水路の石造懸樋を造ったので、新田開発が成功したのです。

貞享元（１６８４）年幸島新田の鍬入れが行われ、この時期、岡山市西幸西に移り住んだ治兵衛の子どもは代々治兵衛を名乗り技術も受け継いでいきました。現在も末裔の岸野家が暮らしておられますが、石の仕事はなさっておられません。初代治兵衛夫婦はすぐ近くの羽島山の墓で眠っています。治兵衛が担当した幸島新田の土手の近くです。今の農業政策を知ったらどのように思うかなと問うてみたい思いがして、お墓に手を合わせました。

江戸城石垣修復工事

江戸城に犬島の石が使われているという話は以前からありました。江戸城を歩いて見ると花崗岩で犬島の石によく似ているなあと思われる石垣はありましたが、証拠の古文書は見つかっていませんでした。それが平成18年1月大阪城天守閣の中村館長から小豆島の庄であった笠井家（現在香川大学）に所蔵されている「江府天守台修築日誌」という江戸城に使われていたという証拠の古文書が見付かったという連絡がありました。明暦3（1657）年から万治元（1658）年の記録です。角石、角脇石、平石などを犬島より江戸まで船で運んだというのです。やっぱりそうだったのだと嬉しくなっておりました。

2月頃、江戸城の修復工事をするのだと清水建設㈱と宮内庁の方々が採石場へ下見に来られました。得意になってこの資料のコピーをお渡ししました。資料があったので決定されたのではないのでしょうが、江戸城の修復工事へ使う石の注文が入りました。

江戸城石垣修復工事

5月25日、犬島の採石場は午前6時から殺気立っていました。清水建設㈱、宮内庁の担当の方々が船積みの前の検査に前日より泊まり込んでいます。私も採石場で見学させてもらいました。船積みはたびたび見ておりますが、こんなに丁寧に検査をしているのは初めて見ました。まず、石と同寸のナイロンに番号などを書き込んでいてそれを当てながらメジャーで測ります。それも5面にその寸法を当て写真を撮っています。それを眺めながら「ああ間にあって良かったなあ」と思いました。注文依頼が来てから、なかなか寸法どおりの石が切り出せなくてこまっていたと聴いていたのです。島には大きな石が採掘できるのですが、切り出した石を寸法に切る際、傷があったりしてなかなか思うようにいかなかったのです。

1400トンの大型船「弘栄丸」が入港しました。検査が終わった25トンある巨石を軽々と船に積み込みました。小さな物で3トンの石それぞれ8個が積まれました。島から高松港まで運び、そこから陸送で東京まで運ぶそうで、中ノ門の修復工事の完了が楽しみです。

モエレ沼公園

モエレ沼公園（札幌市東区）が平成17年7月1日で全面オープンし、盛大に記念行事が開かれたとの新聞の記事が目にとまりました。「ヤッター、完成したんだ」と小躍りしました。完成までに17年の歳月が掛かったのです。

昭和63年3月、札幌市長の案内でイサムノグチ氏はゴミの処理場として埋め立ての進むモエレ沼を訪れました。「全体を一つの彫刻とみなした公園」とするマスタープランを描きましたが、その年の12月に84歳の生涯を終えました。その後、氏の遺志はイサムノグチ財団に引き継がれ、プランに沿って工事は着々と進められて完成したのです。

平成に入り、犬島の東田石材㈲から北海道に向けて石が運び出されました。同じ寸法に割られた石材は梱包され、山が一つ無くなるのではないかと思われる程の大量の石が貨物列車に乗せられ運ばれたのです。

その時はなぜ遠く北海道までと思っていました。それはノグチ

モエレ沼公園

氏のパートナーとして活躍していた香川県牟礼町に在住の和泉正敏氏が、素晴らしい犬島の石を選んで送り届けたのです。

プレイマウンテンと呼ばれるピラミッドのような形をした高さ30メートルもある人工の山に、大量の犬島のさび石が階段状に積まれ、周りの芝生の緑との色合いが何ともいえない美しさで、紺碧の空の下の雄大なロケーションは忘れることのない情景です。

公園は広さが１８９ヘクタールもあり、ガラス館、野外劇場や野球場などの文化・体育施設が備わっており、市民の憩いのポイントとして大変賑わっています。

オープニングでは高さ25メートルの「海の噴水」がライトアップされ、ピンク、青、緑と色を変えながら噴き上げ、来園者の目を楽しませたそうです。水と緑をテーマとしたこの公園の中で犬島の石が北の大地に根付き、末永く多くの人々の心を和ませてくれることを願っています。

犬島土産できました

島にはお土産がありませんでした。島の特産品の花崗岩でと考えておりましたが、ここの採石場は山から大きな石を掘り出すのが仕事で、加工品を作る職人さんはおりません。

平成17年の山の神様のお祭りの日（9月9日）、採石業関係者や島の人数人で山の神様に上がり、祠の前でお祝いをしておりました。大阪から中村石材工業㈱の西川社長もおいでになり、お土産の話になりました。

「犬島の石で犬石様をかたどった土産はできんじゃろうか」

「できんことはねえよ。考えておくよ」

と社長の言葉に、期待に胸は弾みました。

犬石様をデザインするので写真と「犬石様伝説」を渡しました。しばらくしてデザインがファクスで送られてきました。図面はまん丸い犬石様のイメージです。社長は乗り気になってくれたようです。

明けて新年「犬」年です。今年に間に合えばいいなと思ってお

かわいい犬石様

りましたら、試作品ができ上がりました。パンフレットもカラーで刷られ菅原道真伝説も掲載されています。大中小3種類ができました。大の犬石はとっても重いです。島の特産のさび石を使用しています。水に濡らすと色が変わります。

花崗岩は磁力があり、念じれば力を与えてくれます。犬石様は安産、勝負の神として崇敬されています。

私の活動のひとつの、島の文化と歴史のお話をするのに使っている、庭の「ふれあい広場」の石のテーブルの上に可愛い犬石を飾って楽しんでおります。

訪れた人が「かわいい、ほしいな」と、とても喜んでくださるのですが、大量生産ができないため、実際にはコストが高くつき、私を悩ませています。試作品では安価のようにいっておられたのですが……。でも皆さんは「手間がかかるもん仕方ないよ」ととても好意的です。犬島の石の素晴らしさを知っていただき島おこしの一端になればと思っています。かわいい犬石様ぜひ一度見に来てくださいな。

第3章　島をぐるっと

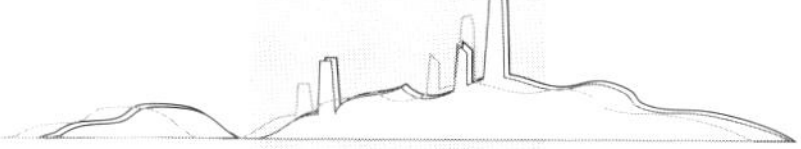

魚のアパート

「あれ、何だろう?」初夏の大潮の干潮の夕方、夫と海水浴場へ散歩に来て、見慣れない物体を見つけました。海水浴場に隣接して自然の家のシーカヤックの練習場のブイに沿って、井戸枠のような物が多数並んでいるのです。大潮のため1年で一番よく潮が引く時期なので、今まで海面に隠れていた物が顔を出したのです。

誰か知っている人はいないかな。この場所は阿古屋と呼んでいて、昔は採石場がたくさんあった所です。石の積み出しに何らかの役目をしていたのでしょうか。想像を膨らませましたが、見当が付きません。早速、昔この辺りで石屋さんをしていた人に尋ねてみると、「知らんな」とあっさり言われました。誰なら知っているかな。次は海のことなので漁師さんに尋ねると、「ああ、あれは魚のアパートよ」と教えてもらい正体が分かりました。

岡山県水産課などが作成した「海の手帳」に、魚、貝など捕ってはいけない場所というページに次のような文が載っていました。「岡山県東部では玉野市日比や瀬戸内市西脇等4カ所に設置され

魚のアパート

ており、岡山海区漁業調整委員会指示により、一切の水産動植物の採捕が禁止されています。採捕すると罰せられます」

知らなかったなあ。

好奇心旺盛な私は、今度は岡山県水産課に電話を入れました。担当の萱野さんが親切に教えてくださいました。「昭和57年に設置し、縦100メートル、横300メートルくらいの広さの中に、コンクリートで36個の魚礁を作っています。主に黒鯛《チヌ》の稚魚の住みかとしています」とのことです。

対岸の西脇の水産試験場では、稚魚を育てて海に放流しています。私が知らないだけで、みんな地道な努力をしているのだなあ、改めて漁業へ携わる人々の大変さを感じた大潮の夕暮れでした。

天満宮は心のよりどころ

天満宮は島の氏神様として字六郎島に鎮座されております。岡山市立犬島自然の家の近くの天神山に祀られています。

春祭り（５月３日）、夏祈祷（7月10日）、秋祭り（11月３日）は岡山市の大宮地区にある安仁神社の三原宮司がおいでになり、ご祈祷を行っています。

社記によれば「文明元（１４６９）年天満宮建立」とあり、その後正徳元（１７１１）年には「池田公より御社御造営御廻に相成……社司片岡上総像源範経、其頃相殿の三神を勘請之山……又明和４（１７６７）年拝殿再建」などの記述があります。

邑久郡史によると「天満宮は主神菅原道真公を発祀元犬島の付属島犬ノ島にお祀りしてありしを大阪築港造営にあたり犬ノ島の岩石を採掘するため明治32年に現在の六郎島天神山に移転（遷座）建立したものである。末社には本殿裏手に荒神社、前西手に金比羅宮、水神社、山神社、犬石明神、石段を登って祇園社等がある」と記されています。

天満宮正面

平成4年には天満宮老朽化のため（約90年前）宮総代と町内会が中心となりお社の新築を行いました。氏子の皆さんの真心の寄付と犬島の海岸背後地、整備用地が町内会名義となっていたのを、岡山市に買い取ってもらい、新しく現在のお社となりました。扁額の天満宮のまろやかな優しい字体は三原宮司があっという間のスピードで書かれました。

天満宮は島の人たちの心のよりどころです。何か困ったことが起きるとお願いにいけば心を癒してくれます。年に数回、老人会や婦人会が中心となってお宮の清掃奉仕に汗を流します。

私が子どもの頃の昭和30年代は、お祭りの前日には参道いっぱいに自分たちが書いた書を行灯に張りました。ろうそくを立てた自分の字が浮かび上がる時は興奮したものです。

島の守り神様、いつまでも島が現存できますようお守りくださいね。

祇園山と祇園様

祇園山、島の人々は「ぎょんやま」と呼んで親しんでいます。港から西側に位置しています。今は山は一部しか残っておりませんが、明治時代までは相当高い山だったそうです。山を崩し、地下までずんずん掘り進んでいきました。海の側なので運搬がしやすく、絶好の採石場だったのでしょう。高い山は広い池となり、水深はかなりの深さだろうと思われます。

海と繋がっておりますので、海のあらゆる生物が住んでいます。釣り人はこの池で釣りを楽しんでおり、息子もこの池に潜り、島の生物たちの観測をして写真を撮っておりました。

海と池との間には小さな橋が架かっています。潮の満ち引きはこの橋の上から眺めると一番よく分かります。潮が引く時、満ちる時、狭い側道から一気に潮が流れだすのです。広い場所だと潮が流れていくのが分かりにくいですが。

30～40年前ここで「大河豚」の養殖が行われていました。4～5年は続いていたようですが、台風で囲いが壊れ河豚たちが逃げ

祇園様（狛犬２体）

てしまい、それからは行われておりません。

　この山の上に祇園様が祀られており、島民はよくお詣りをしたそうです。中の谷という名前の集落から傾斜面に参道がついていて、頂上近くには松林に囲まれた広場があり、夏場は涼しく、憩いの場であったそうです。

　天満宮の遷宮と同じ明治30年頃、山も採掘のため天神山へと移されました。天満宮境内の一番西寄りに数段の石段を作り、石垣の台石に玉垣を巡らし、その上に祠が鎮座されています。前方左右には石灯籠、石の鳥居、その両側には陶製の狛犬が配置されています。

　狛犬は陶製なので、私が子どもの頃から口の周りが欠けていました。子どもの時口の中に手を入れて遊んでいました。今も同じ姿です。

　天満宮の末社となっており、11月３日の秋祭りが祇園様も同日祭り日となっています。

水道通水

定期船を降り栈橋を上がると、犬島産の花崗岩で造られた「水道記念碑」が目に飛び込んできます。裏に回って見ると昭和50（1975）年6月24日通水の文字が刻まれています。

島の人たちは水の確保には大変苦労していました。大雨が降ると濁ったり、また夏場は水不足で悩んでいました。

大小約70カ所の井戸が掘られています。そのうち保健所で水質検査をした結果、飲料に適する井戸は5カ所でした。我が家の井戸は使い水で、飲料水は近くの井戸へ汲みに行っていました。子どもの頃台所には五右衛門風呂のような大きな水瓶があり、飲み水がたっぷりと入っていました。7月7日の七夕さんの日には近所の人と一緒に井戸換えをして水神様をお祀りしました。

昭和30年代に入ると近所の良い水の出る井戸にポンプを取り付けたので、大きな水瓶はなくなりました。

島の生活基盤を整備するためには、離島振興法の指定を受けてから進めることが有利だということで、当時の井上町内会長を始

水道記念碑

め町内会の人々が県や市へ強力に働きかけました。お陰で昭和42（１９６７）年に離島振興法の指定を受けることができました。

昭和46（１９７１）年に水道施設海底調査の打ち合わせが始まり、ようやく昭和50（１９７５）年に念願の簡易水道が敷設されました。対岸の久々井より海底を通り島に上がり、各家庭に配管されました。我が家の井戸水用ポンプはそのまま残して、畑の野菜や花壇の水やり用に使っておりました。

でも平成16年の台風の際にポンプが壊れてしまったので、全て水道の配管に換えました。長い間井戸水にお世話になっていたのだなあと思い、水質や水不足を心配しないで水が使用できることを、改めて関係者の皆様に感謝しております。

戎神社と岩割り松

犬島港へ上がると「おいべっさん」があります。鯛を抱えたお姿は海上安全、漁師の守り神様、商売繁盛の神として昔より信仰されてきました。七福神の中のお一人だそうで、ここでは海上、漁師の神として関係者が大切にお祀りしています。

島に漁師組合があり多数の組合員がいた約30年前は、春には戎祭りをしておりましたが、現在は対岸の朝日漁業組合の人たちと一緒に宝伝港の戎様をお祀りしています。

犬島ではいつ頃お迎えしたのでしょうか。資料がないのではっきりしたことは分かりません。門柱の建立は「昭和6（1931）年5月吉日」と刻まれています。戎様は花崗岩で彫られていますが、玉垣や門柱と色が違い、どこで彫った物でしょうか。

子どもの頃はここでよく遊びました。神社といえば石段を上がり厳かな場所にあるのですが、この神社は港の側で戎様もちょうど子どもの背丈くらいですので、気軽に石の玉垣をぐるぐる回ったり、戎様の頭や抱えた鯛をなでたものでした。

戎神社と岩割り松

戎様のそばに岩割り松が生えていて、大きくなりました。生命力は旺盛で、堅い犬島の花崗岩を割ってどんどん大きくなっています。根性大根などがニュースで取り上げられ、索漠とした世に明るい話題として、日本中みんな元気をもらっていました。でも、私はこの岩割り松の方がすごいと思います。平成16年の16号台風で潮風の強風にあおられたのに元気に生き延びています。島の松の大部分が枯れてしまったのにと頑張る姿に、元気をいただいていましたが平成19年とうとう松くい虫に食われ、切られてしまいました。たいへん残念で仕方ありません。

犬島白石灯標

犬島は本島と周辺の6つの島を引っくるめて犬島と呼ばれています。その一つに岩石の上に灯標が建っていて、通称「白石島灯台」と呼ばれています。昭和39（1964）年11月29日に完成し点灯を始めました。この場所は大きな岩がいっぱいあり、地元のよく分かっている船は除けて運航しますが、事情の分からない船はぶつかったり、乗り上げたりして困っていました。昔はもっと高い岩礁があったようですが、石を採彫して満潮時には大部分が隠れてしまうようになりました。登記はなく島と呼べないようですが、昔から犬島の人はここも島の一つに数えています。

灯台の灯りは、現在はソーラーシステムになっていて太陽電池で輝きます。昔は大型の電池をたびたび交換してたいへんな作業だったと思われます。玉野の海上保安部の方が、朝日漁業組合や犬島の人の協力を得て管理をしています。灯台といえば映画「喜びも悲しみも幾歳月」で夫婦で灯台を守った愛の物語を思い出します。

犬島白石灯標

昭和30年頃、私が小学校の高学年の時でした。「外国船が白石島にぶつかったでー」の声に、大人の人たちに交じって見にいくと、今まで見たこともない大きな船が白石島に乗り上げていました。記録が残っていないので、どこの国籍で何トンの船で何日停留していたのかよく分かりませんが、１週間ほどいたようです。船を見学させていただきました。東南アジアの船で、船員さんたちはとても親切でした。私に「海老カレー」をご馳走してくれました。たっぷりと海老の入ったカレーのなんとおいしかったことか。船の中をいろいろ案内してくれた若い船員さんが、コインを数枚くれました。

この事件があったので灯台ができたのだろうと思います。それからは目印があり、座礁する船はなくなりました。灯台を目にする時、少女の頃食べたプリプリの海老カレーを思い出しています。

犬島海水浴場

海水浴場は島の南側にあります。昭和9（1934）年7月発行の山陽新報によれば「京橋から南備海運、内海汽船の幸丸、初丸が朝の7時20分から1日9往復し、浴場までの所要時間1時間半。賃金は往復40銭。濱は南面、長汀白砂、沖遙に白峰山、屋島、八栗五剣山の連峰は墨絵の如く豊島、小豊島、小豆島を一眸の内におさめうる小高いところに無料休憩所や売店、旅館がすべて商業組合の監督統制下にサービスしている。この浴場の特色はすぐ近くにある長さ50メートル、深さは到底測り知れぬ天然プールあり。紺碧の眞水は濁りを知らず、ほろ温かいところ、全く青天井下のお風呂の感じも嬉しい」と記されています。

海水浴が飽きたら貸船を雇って魚釣りに出たり、遊覧船で犬石様参りもでき、娯楽設備も整っていたそうです。京橋から南備海運が運航しておりましたので、海水浴を楽しむ人たちは相当賑わっていたようです。

海水浴場の側の天然プールは採石跡に水がたまりできた池で

犬島海水浴場

す。まるで温水プールか大きなお風呂でした。いろいろな生物たちも棲んでいたのでドンコのような小魚と戯れることもできました。私も姉妹たちも息子たちの代になってもこの池で水泳を楽しみ、飛び込み台も付けられ水泳大会などもここで行われました。

平成元年から平成６年にかけて岡山県は海岸環境整備事業を始めました。長年の台風などによって海岸が著しく浸食されたためです。小さな砂浜の景観に十分に配慮しながら護岸と突堤を曲線で整備しました。養浜は１７０メートルの長さとなり、私たちが楽しんでいた池は危険なので残念ながら埋め立てられ、その上に管理棟が建てられました。パーゴラ、東屋、トイレなども作られ岡山県が約４億９０００万円の事業費をかけて完成しました。

犬島公園キャンプ場

平成11年4月に犬島キャンプ場は海水浴場に隣接して作られました。公園の面積は約4・6ヘクタールでそのうち約1・8ヘクタールがキャンプ場になっています。設備は、管理棟、調理棟（3棟）トイレ棟（3棟）デッキサイト（高床式20基）、芝サイト20基があります。整備は前年から始められ、岡山市は約2億5000万円の事業費をかけて作りました。利用期間は4月15日から10月15日までです。

昭和40年頃まで島の中でも多くの採石場があった所で、多い時は17カ所もありました。石を割る音がリズミカルに「カッチンカッチン」と響き渡り、トロッコで石を運んでいました。昔は海路が主なので石を運びやすかったのです。山を崩して石を掘り、どんどん地下まで掘り進めていきました。掘った跡に水が貯まり、池となりました。鋭角に切り取った岩石が池面に映る様はとても美しく絵になります。この景観によく似た場所が、京都府相楽郡精華町にある「京都けいはんな記念公園」にあります。平安建都

犬島公園キャンプ場

１２００年の記念として平成７年に作られました。石はすべて犬島から運ばれ高さ６～７メートルの大石が５００個、延長１５０メートルにも及んで立ち並んでいる様は圧巻です。この場所をモデルにしたのでしょうか。

キャンプ場には平成８年に芸術系の大学生たちの手による石彫作品が６基設置されています。平成16年の台風の時、石の椅子20個が波にさらわれてしまいました。１個あたり５００キログラムはあろうという重い石が飛んだのですから驚きです。波をイメージしたタイル張りの遊歩道もことごとく壊れてしまいました。自然の怖さを実感しました。平成18年は元の姿に戻って団体や家族連れが風とともに海を渡り、青い空と海を眺め冒険心を高鳴らせています。

平成18年６月、キャンプ場で初の音楽イベントが行われ、若い人たちが大勢訪れて、夕闇迫る海辺でライブを楽しみました。

岡山市立犬島自然の家

「犬島自然の家」は平成11年4月に開所しました。この施設は平成3年に岡山市立犬島幼稚園・小・中学校（犬島学園と呼んでいました）が閉校になった跡地を利用して造られました。島の人たちにとって学校がなくなってしまうのは断腸の思いでした。学校は島の中心の文化施設でした。なんとか学園の風情をそのままに残して、子どもたちの笑顔に会えるような施設が欲しいなと思っておりましたら、短期滞在型の宿泊所が誕生しました。海に囲まれた、豊かな自然環境の中で、四季を肌で感じ、自然体験や文化体験ができるのです。造成工事は平成9年から2カ年計画で始められました。中学校の校舎や集会室はほぼ原型のままで使用しています。天体観測室や事務所、炊事室、浴室などは新しく建築され、事業費は約9億3500万円かかりました。

星空の体験には、口径20センチの屈折望遠鏡と40センチの反射望遠鏡が活躍します。高い山がなく民家が少なく灯りもないので、星空を見るのには最適です。雄大な星空は夢とロマンの世界へ

犬島自然の家

誘ってくれます。

海の体験はシーカヤックです。海水浴場の隣の入り江が練習場です。小学校高学年から体験することができ、初心者でもすぐに上達できます。魚釣り、海岸の散策、ワカメ、テングサ採り、潮だまりでは動植物の観察もできます。

陸の体験は島の自然と触れることです。史跡巡りや、犬島石を使ってのストーンアートや絵を描いたり、カメラに収めるなどアートの世界を楽しめます。

岡山市教育委員会が管理しておりますので宿泊料金も格安で、個人、家族連れ、団体等幅広く利用できます。

開設してから7年目を迎え、広く知られるようになりました。利用者の方も四季を問わず増え、研修等に利用するのに大変喜ばれています。一度おいでくださいね。

前島うらみ石と犬島の釜石

むかしむかし前島の西の谷に「御堂の姫」と呼ばれる美しい娘が暮らしていました。ある日、犬島の若い漁師が遭難し、浜に打ち上げられました。姫はその若者を介抱し、2人は愛し合うようになりました。元気になった若者は姫の元へ櫓を漕ぎ、通うようになりました。そのことを知った大蛇が横恋慕して、立派な武士に姿を変えて、姫に結婚を申し込みました。姫は強く拒み続けたところ武士は大層怒り、大蛇の本性を現して脅したうえ、無理やり姫を奪ってしまいました。

若者は姫を取り戻そうと、いろいろ考えましたが、なかなかいい方法が見つからず、とうとう狂い死にしてしまいました。姫はたいへん悲しみ自分が人魚になれば、若者に会えると思い、一心に祈りました。

ある日、姫の怨念が通じたのか、一面真っ黒となり、轟音とともに家を目掛けて天から大石が落ちてきました。大蛇はその落石に打ち砕かれ血まみれになって死んでしまいました。この石がう

犬島釜石

らみ石で、人が上がると災いがあるといわれています。この石と形も大きさも同じ物が犬島にもあります。姫は人魚の姿で犬島の磯にたびたび現れ、その石に上がり、若者の魂を捜し続けたということです。

うらみ石に会いに牛窓沖の前島に行きました。フェリー発着場から急坂な狭い小径を登り、周回道路と交わる手前の沼地にありました。そのほとんどは土砂に埋もれ上の部分が少し見える程度ですが、その形から犬島の釜石と同じだと思いました。邑久郡史に「釜石は本島と犬ノ島との間なる磯にあり、釜を伏せたる形の如し、此石毒あり、禽虫此石に触れれば立ちどころ死す、此石の類なるべし」と記されていて、干潮になると特徴的な姿を現します。

釜石は今日も波静かな磯で釣り人の垂れる竿の様子をのんびりと眺めています。一方、うらみ石の周りは緑の植物が取り囲み、白い石とのコントラストが素晴らしく、２つの石が悲恋の舞台となったとはなかなか興味深いところです。釜石の上に美しい人魚が座り、黒髪をなびかせながら恋歌を口ずさんでいるような気がしてきました。

前島うらみ石

犬島学園

70名の人たちが住んでいる島。では学校は何人くらい？とお思いでしょう。

今、子どもたちは1人もいないのです。え、どうして。だって高齢社会の最先端を走っているのです。

子どもたちは次々と巣立っていき平成3年には長い歴史を誇っていた犬島学園が閉校となりました。明治5（1872）年に小学校、昭和18（1943）年に幼稚園、22（1947）年には中学校が開校しました。同じ敷地内なのでPTA活動は一緒に行い、公立の学校なのに、幼、小、中をまとめて犬島学園と名乗っていました。

島中をあげての島民運動会、幼・小・中合同の学習発表会、島民水泳大会など楽しい想い出がいっぱいです。「全員参加のPTA活動」ということで精一杯頑張り、研修会、廃品回収、球技大会と小さいながらもある程度の成果をあげました。

小さな学校だからこそできるユニークな部活動もありました。

犬島学園の運動会

息子の時代の昭和50年代後半から中学校では、校庭にゴルフコースを作り練習。時々ゴルフ場へ遠征と洒落ていました。

思い出は数限りなく浮かんできます。祖母が父が姉妹たちがそして息子たちと3代にわたって学んだ学校です。学校が無くなるということを聞いたときは、非常に残念で断腸の思いでした。

その跡地には学園の面影をそのまま残し、陸、海、空の体験のできる短期の宿泊所が、平成11年に岡山市立犬島自然の家としてオープンしました。

夜空がよく澄んでいて星座がきれいに見えるところから望遠鏡を設置し天体観測ができます。海ではシーカヤックで波とふれあうことができ、海の生き物や海浜植物の観察等も楽しめます。自然と文化の香りに包まれたロマン溢れる魅力いっぱいの宿泊所となりました。

伊勢のお神楽さん

「お元気でしたか」「今年もよろしくお願いします」さわやかな笑顔とともに、10月13日恒例の伊勢の大神楽の一行がやってきました。ピィロローピィッロロと神楽の横笛の音が澄んだ秋空に吸い込まれていきました。この笛の音は幼い頃から親しんだ心やすらぐ音です。

伊勢神楽は伊勢神宮のお札を持って一軒一軒竈《かまど》払いを行って神楽の舞をしながら家を清めます。江戸時代に始まったと伝えられています。日本人の伊勢信仰は大変厚いもので、伊勢へ参拝できない人に代わって出張サービスをしてくれるのです。昔から神楽は島の人たちにとって信仰と娯楽が合体した大きな楽しみでした。家々を清めた後は広場に集まり放下芸といい神事舞と神楽舞で楽しませてくれます。島の主な産業である石屋さんや船乗りさんは危険な仕事なので信仰に厚く、特に伊勢神楽に清めていただくと事故が起きないと信じられていました。

我が家は明治時代に本土から渡って来て旅館を営んでおり、そ

伊勢のお神楽さん（神事舞）

のご縁で森本忠太夫一行にお泊まりいただくようになりました。数年前太夫さんに犬島へはいつ頃から来ていただいているか、何か証はないでしょうかとお話をしておりましたところ、古い資料をお持ちくださいました。

その中のお初穂帳をめくると明治28（１８９５）年に犬島村へ2泊と記述がありました。また、古いものでは池田家の家老の入国許可書なども交じっていました。

祖母や古老から聞いていたけれど、昔から我が家へお泊まりいただいていたのです。平成16年は我が家が台風16号の被害に遭い、泊まっていただくことができませんでした。

いつもは7人の一行ですが、平成16年は太夫さんのお孫さんも加わって9人の大所帯となっていました。一年中旅の仕事なので後継者の問題で悩んでおいでの太夫さんに素晴らしい跡継ぎができましたねと心からお祝いを申しました。

来年も若い彼を含めた神楽さん一行を元気でお迎えできるようにと祈りながら、小豆島へ向かう船に大きく手を振りました。

伊勢のお神楽さん（神楽舞）

山の神様

犬島は良質の花崗岩を産出する石の島として、約４００年前から栄えてきました。大阪城の一番大きな巨石（50畳）といわれている「たこ石」は、我が島から運ばれました。明治時代には大阪港造営が行われ、採石業者は40軒にも及び、島には５０００～６０００人の人が暮らしていたと伝えられています。

現在はブロックや中国産の石に押されて需要が減り、採石業者も１軒のみとなりましたが、他に類を見ない大きな石が採れることから、全国的に注目を集めています。

採石業は危険を伴う仕事なので、昔から山の神様を崇敬し、守り神として信仰を深めてきました。島の東北部の小高い岩山にあり、大山祇命《おおやまづみのみこと》をお祀りし、１月、５月、９月の９日を祭日としています。

昔は休日のない石屋職人は、この日は１日仕事を休み、親方の家で煮染め、五目ご飯などご馳走になりながら、にぎやかにお祝いをしたものでした。

奉納相撲

お祭りの日には境内で奉納相撲も行われました。当時を知る石原忠義さん（80）は「子どもの時代、奉納相撲は楽しみだったなあ。３人抜くと10銭もらえたんだよ。１銭であめ玉が４つ買えた時だったから子どもにしたら大金だったよ。楽しみで頑張ったよなあ。力自慢が競い合って活気があったよ」と話してくれました。

現在１軒となっている採石業は、島の東田石材㈲の社長が亡くなり、一時はもう休業かなと心配していましたが、大阪の取引先である中村石材工業㈱が引き継ぎ操業し、山の神様をお守りしています。

犬島の５月は、３日には犬石祭り、９日には山の神様の祭りと続きます。

定期船あけぼの丸

朝、花壇に降り立ち花々に挨拶をしている6時30分過ぎ、ゴォーと船のエンジンの軽快な音が聞こえてきます。「おはようございます」明るい元気な声で新聞が届きます。犬島の生活はあけぼの丸の到着から始まるのです。

1年に2、3日台風のため欠航しますが、それ以外は正確な時間に、宝伝—犬島間を7往復する豊田一男船長は、舵を握って30年が過ぎました。毎日休みなく一人で黙々と船を走らす船長に、私たちは命を預け絶大なる信頼を寄せて感謝をしています。

島で暮らしている人にとってあけぼの丸は絶対必要です。食料品の購入、通勤、買い物、病院通いとお世話にならないと生活ができないのです。

船にはその時々のロマンがあります。夫が単身赴任中、迎えに出て船影が見えると心躍りました。現在海外勤務をしている息子を見送りに出れば『どうぞ、無事で』と船が見えなくなるまで港にたたずむ私です。

あけぼの丸

あけぼの丸は元は郵便船として始まりました。正確な資料がありませんが、明治35（１９０２）年に犬島郵便受取所が開設されており、その頃から郵便船として動いていたと古老より聞いております。昭和34（１９５９）年広田志乃実氏（豊田船長の叔父）により宝伝―犬島間を１日３便運航することになりました。私は西大寺高校へ昭和36（１９６１）年から３年間通学しました。広田船長には大変お世話になり、台風で島に帰れない時、泊めていただいたり思い出がいっぱいです。

約３キロの海峡をおよそ８分と昔の船に比べ船足は速く、81人乗りと大きな船になりました。

夏場は島を訪れる人も多く、あけぼの丸に乗船する人も増えますが、他のシーズンでは乗る人も少ないのです。豊田船長は代わりの人がなく一人で運航して大変でしょうが、島のため元気で頑張ってください。応援しています。

オリジナルのフレグランス

　岡山化学工業㈱ではいろいろな香料を製造しています。先日、移動公民館がコミュニティーハウスで開講され、同社の逸見社長さんよりプレゼンテーションがありました。現在どのような製品が製造されているかというお話の後、東京本社より技術者の方が2名おいでになり講義を受けました。香料の分類、用途、使用目的などの概略説明の後、フレグランス、フレバーの用途別に、それぞれの調香、調合および試飲の実演がありました。

　まず匂い紙に浸した香りが何であるか、のクイズです。北海道のラベンダーの匂いでした。曽田香料㈱ではいち早く国産香料の開発に力を注ぎ北海道富良野に直営農場を持ち、ラベンダーの作付けを行い、天然香料を採取していたのです。

　次に自分だけのオリジナル香水を創ってみることになりました。黒い瓶に入った、「香料潮風」「ムスク変調剤」「シトラス変調剤」の3種類の試薬が渡され、自分の好みで調合するのです。ちなみに「ムスク変調剤」の元は島で作られているそうです。まず香り

オリジナルフレグランス

の主となる香料「潮風」をスポイトで測りながら香水瓶に入れていき、それから「ムスク変調剤」と「シトラス変調剤」を匂い紙で確かめながら混ぜます。オリジナル処方は自分の好みです。ムスクは艶やかなまろやかな香りで、シトラスは爽やかな柑橘の香りがします。

普段香水はつけないので強い匂いは好みではありませんが、柔らかい匂いはちょっと、お洒落をしたようです。香りは心にゆとりと歓びをもたらします。オリジナルフレグランスは自分だけという満足感で心地よい幸福と思い出をもたらしてくれました。

紫蘇油の天然と合成の違いも教えていただきました。天然品の方が高価かと思いましたがそうでもないとのことでした。

私たちの生活に密着している香料という物を、島の会社が生産していることの認識を強めたことで、より会社を身近に感じることができた有意義な一日であったと思います。

講習を受ける島の人たち

ふいごまつり

12月8日は採石場の「ふいごまつり」です。ふいごってご存じですか。年配の方なら知っておいで/でしょう。そう「村のかじや」で歌われている送風機のことです。北風の吹きつける厳冬、石屋の弟子にあがった少年はふいごまつりを指折り数えて待っていました。鍛冶屋でないのに石屋で何故「ふいご」ってお思いでしょうが、昔は石を割るのに接頭とノミを使っていました。ノミはさびるので毎日焼いては打ってよく割れるようにしたのです。そのふいごの守りが弟子の一番の仕事でした。

ふいごまつりは1年に1度だけ弟子が主役のお祭りです。お小遣いをもらい、いつもは台所の隅でご飯を食べていましたが、その日は座敷で一番上座に座り、すき焼き、五目ご飯、お煮染め、なますなど、親方や職人さんのおかみさんの手作りの料理を腹いっぱいいいただけるのです。昭和40年代までは石屋さんもたくさんあったので島中がおまつり気分でした。

私は以前、昭和の初年頃弟子に上がった人に当時のお話を伺い

ふいごまつり

ました。「ふいごまつり」で初めて親方から1円札をいただいたこと、それをお守りにして肌身離さず大切に持っている、と見せていただきました。親方や先輩に怒鳴られ、殴られた大変厳しい修業時代の話に涙がほほを伝いました。平成16年に亡くなった時、家族の人が棺《ひつぎ》の中に大切にしていた1円札を入れました。

現在のふいごまつりはどうするのかな、と島で唯一の採石場中村石材工業㈱を訪れました。工場の裏側に昔からの小屋がありました。

今は削岩機で割るのでノミは滅多に焼かないそうで、小さな電気の送風機が備えられていました。コークスで火をおこしノミを焼きます。刀と同じように叩いてノミを新しく作ります。ふいごまつりの日は仕事を休み、周りをきれいに清掃し御神酒とミカンを供え、事故が起きないようにお祈りをして静かに過ごすそうです。

海苔の養殖

秋から翌年の春まで島の周りは海苔の養殖の白色と黄色の浮きで彩られています。益田喜博氏宅では朝早くから海苔の生産の勢いよい機械の音が響いています。島の周りは海水と吉井川から流れこんでくる真水がぶつかり合い海苔が立派に育つのに適しているのです。

島では昭和40年代から養殖が始まりました。当時は2軒で始めたのですが、今は益田さんだけとなりました。初めの頃は手作業が多く島の人もお手伝いにいっておりましたが、新しい機械は人手がいらなくなったのです。

11月下旬「海苔の生産が始まってるよ」という声が聞こえてきたので、益田さん宅へお邪魔しました。奥さんの邦子さんが工場で管理をしていました。工場はむんむんするほどの熱気です。すべてオートメーションになっています。まず沖から海苔を刈ってきてタンクに入れます。よく水洗いしミキサーにかけ簾に海苔を掬っていき、約2時間かけて製品に仕上げます。破れ海苔等選別

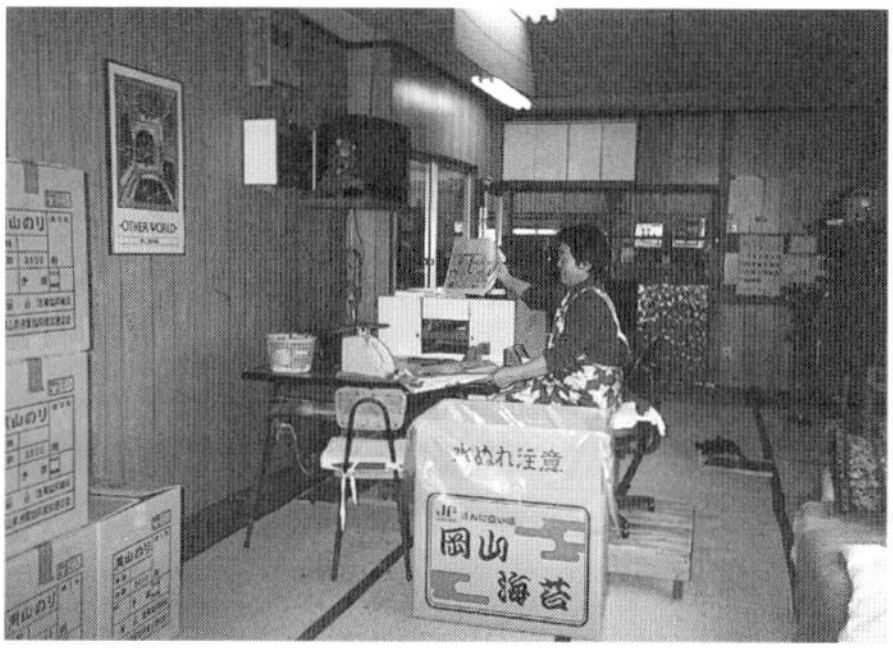

海苔の養殖

機で事前に取り除くと、10枚ずつ折り曲げ機で折り100枚単位で出てきます。それを邦子さんが帯封をかけダンボール箱へ詰めていきます。

「機械のことだからちっとも気が許せないんよ」とベテランの奥さんは心配そう。昨夜も機械が故障をして業者の人に来ていただいたそうです。深夜の0時頃やっと直ってほっとしたとか。一番しんどい仕事は海苔を種付けした後、毎日海苔網を上げてゴミを取り除くことだそうで、機械でなく手仕事なので腰に負担がかかり大変だとか。

大切に育った海苔が、風で吹き飛ばされることもたびたびのことだそうで自然を相手に文字通り、ご主人と二人三脚で頑張る邦子さん。良い海苔ができた時は最高に嬉しいと笑顔で語ってくれました。磯の香りがふわっとする新鮮な一番海苔の味見をさせていただき、お正月には島外に出ている家族や親戚の人たちと海苔巻きや手巻き寿司を作ろうと思い、みんなの顔を思い浮かべながらおいとましました。

島の医療

島にはお医者さんがいません。高齢者の多い約70人の島民は血圧が高かったり、なにか持病を抱えていたりして不安な日々を過ごしている人が大勢います。そんな不安を解消してくださるのが西大寺から毎週木曜日に来島して診療を行っている宇治秀樹先生です。

犬島診療所は、大正13（1924）年に県立診療所として、開設されました。終戦後、民間企業に引き継がれ日本硫黄㈱の診療所として、谷医師が家族とともに住み、診療に当たりました。その後、井上達医師も昭和40年代頃まで暮らしておられましたが、高齢のため辞められました。

その後、瀬戸内市牛窓から菅田濵医師が昭和58（1983）年まで15年間週に2〜3回通ってこられていましたが、高齢のため去ってから無医島となったので、岡山市は後任の医師を探し、宇治先生が診療してくださることになりました。

島民の健康管理は、診療所と並行して、昭和37（1962）年

犬島診療所

から無料巡回診療船「済生丸」が入港し、一般検診、胃レントゲンなどの検診が行われ、現在も続いています。今は宇治鉄也医師の後を受け、ご子息の秀樹先生が平成６年から島民の健康管理を熱心に行ってくださっています。ギラギラと照りつける夏の日も、海がしける厳冬の日も、看護師さん３人を伴って午後２時の定期便で渡ってきます。

親切に優しく話を聞いて診療に当たってくださる、宇治先生とのコミュニケーションを島の人は楽しみにしています。待合室はまさに社交場で、笑い声があふれています。

暑さ厳しい平成18年の夏、89歳の母も夏バテし、食欲がなくなり困りました。先生に往診していただきやっと元気になりました。

宇治秀樹先生ありがとうございます。今後とも犬島の人々のためよろしくお願いいたします。

犬島学園閉校記念碑

平成3年3月、中学校は最後の卒業生2人を送り出し、長い歴史を誇っていた犬島学園（幼、小、中）は閉校しました。休校だとまた開校が望めますが、閉校になるとなかなかそうはいきません。でも子どもたちは巣立っていき、若い人が住んでいないのでどうすることもできません。小学校は明治時代から続き、学校は永遠にあると思っていたのは、一場春夢かと嘆き落胆したものです。

犬島学園の歴史を残そうと閉校記念事業委員会が発足しました。町内会長森下一郎氏が委員長となり、地元有志らが委員となり、中学校の校庭に犬島石で記念碑を作ろうと決定。地元の東田石材㈲に石材を寄贈してもらい、施工工事もお願いしました。記念碑の題字は委員長の森下一郎氏に依頼しました。どのような字が記念碑にふさわしいのか試行錯誤の毎日で、最後には胃がキリキリと痛み出したと、当時を語っていました。

無事石に刻み込みも終わり、記念誌の表紙の題字もお願いし「犬

記念碑の前で記念撮影

島学園をしのぶ会」の準備に寂しさ、悲しさを紛らすため、一生懸命に卒業生たちの住所捜しや記念誌作りに没頭しました。そして、平成3年1月27日に東田石材㈲の関係者の手で校庭の記念樹の桜の下に設置し、一同感無量で記念撮影に臨みました。

学園跡に面影を残して平成11年4月、岡山市立犬島自然の家が開所されました。市民の皆さんに訪れていただき、豊かな自然の中で犬島学園の風を感じていただくことは、私にとって最上の喜びです。

平成18年7月、吉備人出版から岡山県内の学校の木を紹介した『学校の木　あなたがいた場所』の表紙とトップを飾って、卒業記念樹の桜が掲載されました。思い出の桜が永遠に残ったのです。

犬島産の花崗岩で、ここを巣立っていった卒業生のそれぞれの想いが込められている記念碑と桜は、後世にいつまでも残り、島の行く末を見つめることでしょう。

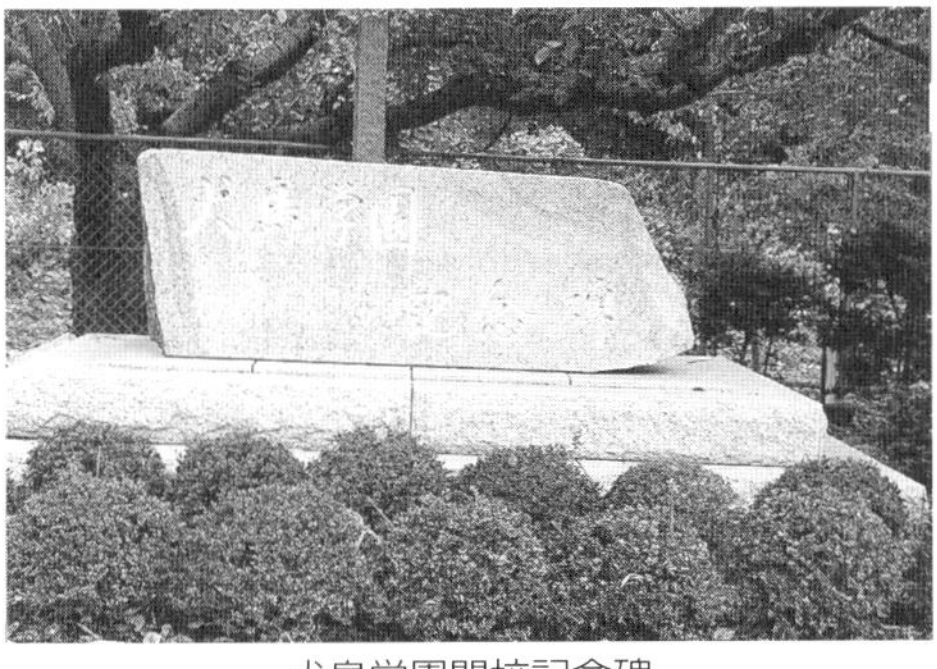

犬島学園閉校記念碑

第４章　自然のめぐみ

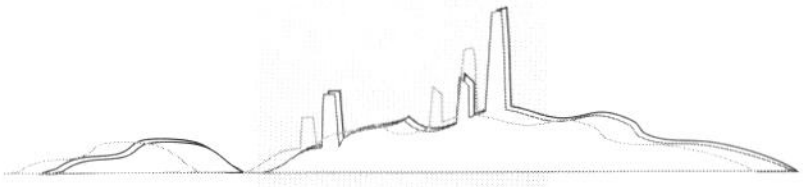

ダメ…おしゃべりをしながら酒の肴に

「潮がよう引いとったんで採ってきたんよ。食べる?」と隣人が「ダメ」を持ってきてくれました。早速きれいに何度も何度も洗い、たっぷりの湯でゆがきました。小さいので面倒ですが、太い針を用いて円錐型で厚いふたの方から針を差し込みくるりとゆっくり回すと、くるくる巻いた身が出てきます。

おしゃべりをしながら酒の肴にすると止まらなくなります。面倒でも一つずつ針を入れて自分で出して食べるのが一番おいしいのです。

その「ダメ」をご存じでしょうか? 標準和名は「クボガイ」といいニシキウズガイ科の巻き貝で、海に住むカタツムリのようなもので岩礁に生息しています。全体に丸みを帯びており、殻の高さは2・5センチほどあります。

ダメの種類は多くありますが、犬島の磯で代表的なのはこの丸い形のものと、細長い形の苦い味のするタバコダメと呼ばれているものがあります。

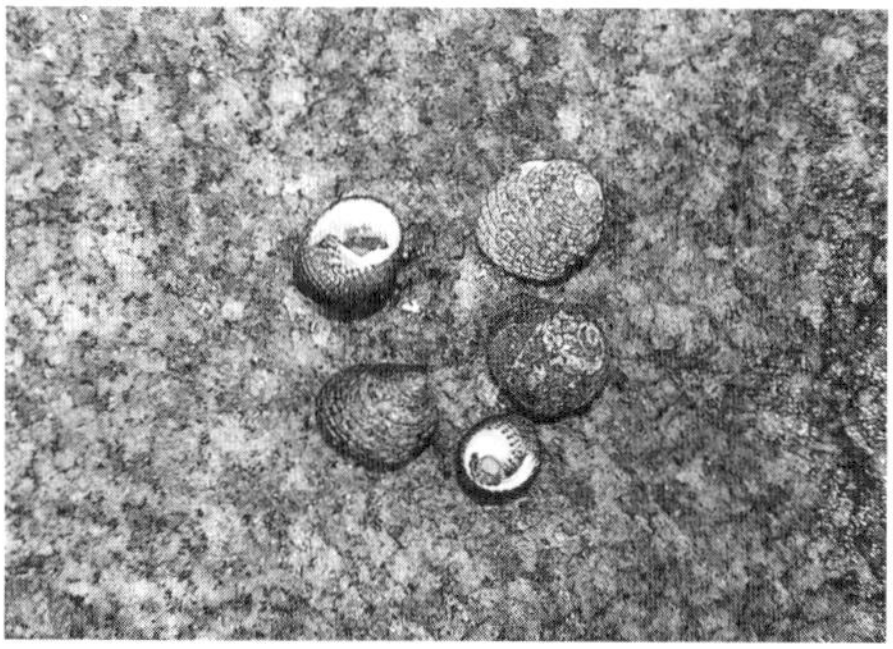

ダメ

ひなたダメといわれ、このあたりではあまり食べない石畳貝も岩の上にたくさんくっついています。久保貝《クボガイ》と石畳貝は私のように生物にあまり詳しくない者には区別が付きにくい貝です。

おいしい久保貝《クボガイ》は岩の裏側にくっついていて、岩や石を裏返して採ります。子どもの頃、友人の家ではこれがおやつでした。学校から帰るとちゃぶ台の上にいつもダメがゆがいてありました。私たちはランドセルをそこにおき、ダメをほじって食べてから遊びにいったものです。

ダメの身ばかりを集めてワケギやネギと酢みそであえたぬたもおいしい郷土料理です。炊きたてのご飯でいただいても、酒の肴にしても最高です。

ダメは夏の期間は食べませんが、秋から春まで潮が引いているときはいつでも採取できます。一度採りに来ませんか。

ワカメ…磯の香りがぷーん

先日新芽のワカメを知人が持って来てくれました。海の中は気温が高いので春も早いようです。早速水洗いをしてぐらぐらと煮たっているお鍋の中へ入れました。濃い茶褐色があっという間にきれいな緑色に変わり、さっと引き上げ冷たい水へ。これで出来上がりです。水を絞って食べやすい大きさに切ると、磯の香りがぷーんと漂い、ポン酢でいただいてもマヨネーズに醤油をたらして食べても非常においしいのです。

ワカメは全国どこにもある食材ですが、犬島では自分で採取できるので、年間食べる分を保管しています。なるべく寒い季節の方がワカメも柔らかいので大潮の日に隣人を誘ってワカメを採りに行きます。棒の先にカマをくくりつけた道具、かご、袋、長靴姿で海辺へ。朝の潮がよく引くので、太陽の昇りかけた寒い風の中を一生懸命歩いて海辺へ行くと身体はポカポカと温かくなってきます。

岩場へ着きアオサなどで滑らないように気を付けて歩きます。

ワカメ干し

海の中では、ワカメが藻などの海藻と共においでおいでというようにゆらゆらと揺れています。最初はワカメだけを切るのが難しかったけど、最近では根本の方からカマで引き寄せるように切り、そっと手元に引き寄せる時は至福の時間です。岩に打ちかけて水を絞り、次のワカメを狙います。

採集しているときは一生懸命なのですが、家に持って帰る時が大変です。かごに入れ十分水気を切ったつもりですが、重たいこと重たいこと。それでも大満足で家路につきます。家に着いてからが大変な作業で、水洗い、湯通し、冷やす、そして洗濯バサミに吊して干します。気持ちよく乾くと真っ黒の良いワカメとなりますが、天気が悪く2、3日もかかると変な色になりおいしそうにありません。

でもこれからはどうでしょうか。台風で根こそぎ吹き飛んでしまってワカメがあまり着いてないと伝えられています。ワカメちゃん頑張って大きくなってね。犬島産のワカメで食卓を飾りたいのよ。

ワタリガニ…二杯酢でシンプルに

母は大のカニ好きです。「料理人になれば良かったかも」というほど舌が非常に肥えているので生きの良い悪いはとてもよく分かり、ごまかしはききません。台風で打撃を受けていたのに平成16年の秋から17年にかけて瀬戸内では近年になくワタリガニが豊漁でした。

彼らはこのあたりから台湾付近までの広い地域に生息し、比較的浅い海をねぐらとして10センチから大きなものでは30センチくらいのものがあります。甲らが菱形でカニらしい風情の美しい姿です。標準和名は「がざみ」というのかも知れませんが、私たちはワタリガニと呼んでいます。寒い冬から春までとってもおいしいのです。

犬島の周りで採れ、生きているのを締めて大きなお鍋で少し塩を入れ茹でます。さっと真っ赤になって豪華です。雌はオレンジ色の子を持ち、また格別の味がありますが、雄も身が締まりおいしいです。茹で立てを二杯酢でシンプルに食べるのが好きですが、

ワタリガニ

お鍋にして白菜やお豆腐などといただくのもおすすめです。

　先日山陰へカニを食べにいきました。お膳にはどーんと『私が女王様よ』というように大きな茹でたマツバガニが載っていました。焼きガニ、鍋もの、酢の物、グラタンなどなど食べきれないほど勢揃いをして楽しませてくれました。夫や友人たちは「さすが、マツバガニ！」とご満悦でしたが、私はお腹の中で「うーんイマイチ」と生意気なことを思っていました。というのも大きなホテルなので手は込んでいたのですが、焼きガニなど持ってくるまでに冷えてしまっていたのです。

　私たちだけ楽しんではとお土産に大金を払ってマツバガニを買って帰りましたが、母が喜んだかは疑問です。やはり地元、瀬戸内の生きたワタリガニをすぐに調理し頂くのが最高と思ったのは、私の身びいきのせいでしょうか。

イシガニ…おいしさは別格

「わあ、きたーきたよ」と思わず大きな声を上げそうになりました。イシガニがはさみの脚を広げてすーと泳いできました。岩場で足が滑らないように構え、タモ（網）ですくい上げようと海の中へ。敵は私をあざけり笑うようにつるりと逃げてしまいました。波までもチャプチャプと笑っています。残念！　少しタイミングが早すぎたようです。

もう一度挑戦。カニがはさみで餌をつかむまで待っていなくてはいけません。今度は成功。やっと捕まえることができました。海中でははさみを広げて泳いでいるので大きく見えましたが、引き上げるとかわいいカニです。でも自分で捕まえたのですから喜びもひとしお。バケツの中に入れると怒ったようにせわしく音をたてて歩き回っています。はさみでつかまれるととても痛いので用心。

引き潮になると港の岸壁や内湾の岩場で、カニ釣りの人たちが海の中を見つめています。ネット網にサンマや魚の内臓を入れて

イシガニ

棒の先に吊します。それを海の中に入れると脂が海面に拡がり、イシガニがはさみを広げ獲物を捕ろうと寄ってきます。そこをタモでさっとすくい上げるのですが、慣れない私にはなかなか上手にすくえません。

イシガニはどこの海にもいる普通の中型のカニです。岩礁に生息していて、甲は丸みを帯びた六角形をしてうっすらと毛が生えています。爪の脚もわりと堅く石みたいだからイシガニと名付けられたのでしょうか。はさみの脚は特に堅く、トンカチで叩いて身を取り出します。しっかりと詰まっており大変おいしいです。小さいカニはみそ汁にすると最高です。

私が子どもの頃にはたくさんいました。トロ箱いっぱいでも安価だったのでたくさん湯がいて食べました。

時々スーパーで見かけますが、活きが今一つのものや既に湯がいているものが多く、買い求める気にはなりません。今度潮の良いときカニ釣りに出かけて、新鮮なものを味わいたいと思っています。

オコゼ…愛嬌のある顔だけど

オコゼは、メバル科の魚で頭に不規則な凹凸があり、醜い魚の代表のようにいわれていますが、私はなかなか愛嬌のある顔だと思っています。頭の周りの花びらのようなひれを広げて小さな体を大きく見せ、他の魚を威嚇するように泳いでいます。

山の神は自分が醜いので、最も醜いオコゼをお供えすると喜ぶという話を聞いたことがあります。犬島の山の神は採石業の神様です。石屋さんの仕事は危険が伴うことが多く1月、5月、9月の9日を祭り日と定めて厚く信仰していますが、オコゼをお供えするとは聞いていません。赤ちゃんの百日《ももか》の食い初めのお膳にオコゼをつけると、一生涯魚の骨が喉にたたないといわれている地方もあると聞いたことがあります。

オコゼの背びれには猛毒があり、それに刺されると大変な痛みに襲われます。母も小さい頃何気なくオコゼに触り、とても痛い思いをしたとか。それからはオコゼを徹底的に敬遠しているそうです。

ハオコゼ（オコゼ）

島の漁師さんも「網にたまにかかるんじゃあ、よほど気を付けて外さんと。この前もゴミと一緒につかんでケンがたって。我慢できずに医者に走り込んだよ」と言っていました。

岡山県水産試験場では平成13年頃から、毎年10万匹の稚魚の生産を行って各地で放流しているそうです。多くの魚が大きく成長してくれることを楽しみにしています。

ちなみに写真はハオコゼで小さく（3～5センチメートル）て食用にはなりません。食用オコゼはオニオコゼといいます。

母からきつく言われていることもあり、実は私はオコゼの料理をしたことがありません。顔はグロテスクで、ひれには毒があり、料理は難しい魚ですが、刺身に、唐揚げに、煮付けに、味噌汁にと幅広い料理法があり、白身で淡泊な味わいで非常においしいそうです。

ママカリ…釣りたてをもらって食べるのが常

夏といえばママカリのおいしい季節です。

岡山駅ではママカリの酢漬け等名物として販売しています。以前、備前焼に入った「名物ママカリ」をいただきましたが、やはり釣りたてのピンピンしているのを自分で料理して頂くのが一番です。

あまりのおいしさにママ（ご飯）が足りなくなりお隣で借りてきて食べたので、ママカリと呼ばれるようになったと伝えられていますが、ニシン科で標準和名はサッパといいます。まずなんといってもママカリの刺身は最高です。15センチほどの小さな魚で面倒なのですが、金色に輝くウロコをとり三枚におろします。腹身の部分をそぎ皮をむきます。

ある日水門町に住む友人が

「夫がママカリをたくさん釣ってきて、始末に困るわ」

「刺身にしたらとってもおいしいわよ」

と教えてあげました。その後、

ママカリずし（ママカリ）

「おいしかったでしょう」

「うーん、たいしたことなかったな」

と言うので不思議に思って
「冷たいお水でよーく洗った？」

と尋ねると、洗わなかったというのです。おいしさの秘密はこの洗いにあるのです。脂分が抜けてすすいだ水が綺麗になったところを氷水で締めて出来上がり。

骨は唐揚げにして「骨ポーキー」。ビールにとっても合うんです。二枚におろし骨を外し、酢で締めママカリ寿司に。これはいくつでも食べられます。焼いて三杯酢で、天ぷらにとレパートリーはたくさんあります。

一度ママカリ釣りに連れて行ってもらおうと思いながらなかなか実現できません。島ではママカリは魚屋さんで買って食べる魚でなく釣りたてをもらって食べるのが常となっています。

島で生活するのは不便なことも多いけど、海の恵みなど自然の恩恵に感謝し島の生活を満喫しています。

テングサ…初夏の大潮の引き潮は

　ひやりとのど越しの良いトコロテンが作りたくなる季節となりました。ノンカロリーでダイエット食品にもってこいです。

　最近では研究が進んで体に良いというので、スーパーの店頭でも引っ張りだこです。ＮＨＫの人気番組「ためしてガッテン」によれば、コレステロールを一緒に連れて体外に出すというのです。コレステロールの高い人や糖尿病のある人に良いそうで、ご飯に混ぜたり、みそ汁に入れてもグッドだそうです。

　太りぎみの私には最高の食品ですが、今まであまり食べないで、島を訪れた人に郷土料理としてお勧めしてきました。冷たく冷やしてポン酢で、もうひと手間かけてコーヒーゼリーやフルーツゼリーにしてお出ししました。島をぐるりと回って我が家で休んでいただいている間に食べるトコロテンやゼリーは最高のようで、皆さん素敵な笑顔を向けてくれます。

　島ではテングサが自分で採取できるのです。初夏の大潮の引き潮の時はテングサ採り日和です。お隣の名人の佐藤五重さんのお

テングサ乾燥

供をして出かけます。よく引いた砂浜は普段の時と違う表情で、いつもは見えない岩がにっこりと顔を出しています。岩にはアオサをはじめいろいろな海藻がびっしりと生えています。その中から赤紫色した海藻が波に見え隠れしています。テングサと全く見分けがつかない海藻が数種ありそれはたくさん生えているのです。その中からテングサを見つけて採るのは至難の業です。手触りがごわごわしているものは除けて、髪の毛のような柔らかい感触の物を探します。名人は私の倍くらいのスピードで採取していきます。以前一人で採りに来て違う海藻ばかり採取して帰り、ポンポンと捨てられ大笑いされた苦い経験があるのです。

採取した後の始末がたいへんです。水洗いしては天日干し、それを数回繰り返しやっと完成。一年寝かせて、煮汁を固めてでき上がり。おいしいですよ。市販の物とはまた違った格別の味です。

フグのキモと父の顔

「おーい、今日はどうだった」

「だめだ。潮が悪いんか、ちっともかからん」港では漁船から降りた釣り人がフグ談義に花を咲かせます。島ではフグとなるとみんな目を輝かせます。それほど大好きな食材です。お正月料理にはフグなしでは考えられなかったのです。我が家も一斗缶いっぱいにフグを焼いて干した物が保存されていました。お雑煮のだしに昆布巻きの芯にと、フグでないといけないと信じていました。あっさりとしてそしてコクのある味。他では代用できない代物だったのです。

ところがここ二十数年お雑煮にもフグが使われなくなりました。漁獲量が減ったのと釣り人もいなくなったのが原因です。犬島は漁業に携わる人が少なく、今では2軒だけで、フグかけ（釣り）はアマチュアの娯楽なのです。

30～40年前に祇園山の池で大フグの養殖が行われていましたが、台風で流され取りやめとなりました。その直後は逃げた大フグが

フグ

島の周りに多数いました。理由は分かりませんが、今では絶滅したようです。

島で食するフグは極めて毒性の少ないマフグ、ゴマフグ、ショウサイフグなど比較的小型のものです。てっちり、てっさ、唐揚げ、煮付け、吸い物などに料理して食べます。

昔聞いた話では、てっさはよく水洗いして血抜きをしたキモ（肝臓）を湯がき、潰して醤油に混ぜそれに付けて食べます。煮付けには茄子を入れると毒が消えるといわれていました。アゲの油が残った鍋で煮ると毒に当たったという話が伝えられています。キモ入りのてっちりで杯を傾けると酔いが早く回るとか、時にふわっと天に昇ったような良い気持ちになったとか、口の周りが痺れて、足が立たなくなったというような話は尽きません。

我が家では父が絶対に許さなかったので、子どもの頃からキモを食していません。食べてみたいなと思いながらやはり怖く、「ダメダ」と言う父の顔が浮かんできました。

サヨリはとても男前

島の周りには岩礁が多いのでサヨリはたくさん生息しています。潮が流れている磯ではスマートな魚体で泳いでいるのが確認でき、初心者でも簡単に釣れます。

先日7人のシルバーのグループが犬島自然の家に宿泊しました。私に島を案内してほしいと依頼があったので、皆さんと仲良くなりました。釣りも体験したいと自然の家の前で釣りを始めました。3人のグループで釣ったのですが、100匹以上釣れたと大変な喜びようです。刺身に天ぷらにお吸い物にと夕食はサヨリづくしのご馳走が並びました。

午後6時半の最終の定期船が入る頃「港の浮桟橋に行くとサヨリがピョンピョン跳ねているよ」と知人が教えてくれました。その時間に桟橋に出向くと定期船に追われてサヨリが銀色に光りながらやってきました。桟橋の上は水銀灯がついているので明るく、サヨリが泳いでいるのがはっきりと見えます。知人は網とバケツを持って来ています。

サヨリ

「見ててご覧、腕前を披露じゃあ」

サヨリがピョンと跳ねた瞬間さっと網で掬いました。そのタイミングの素晴らしいこと。網にはサヨリが入っています。

「お見事！」

パチパチと拍手。バケツに海水を汲み入れサヨリを入れました。あまり大きなバケツでないので20センチほどのスマートな魚体の魚はピョンとバケツから飛び出しました。ウロコのない銀色の美しい体は虹色に光って桟橋で踊っています。慌てて魚を捕まえて観察しました。上の口より下あごが何倍も細長くのびています。人間だと不細工な顔立ちでしょうが、サヨリ君はとっても男前。目の下のところをつまむとまるで心臓がどっくんどっくんと高鳴っているようです。バケツに入れても入れても飛び出してくる元気物に閉口して海へ帰してあげました。網掬いのショー楽しかったよ。ありがとうサヨリ君。

アナゴ…地物の入荷に合わせ

私たちはマアナゴのことをアナゴと呼んでいます。日中は岩の間や海藻の茂みに潜んでいます。アナゴ釣りは夕方から夜にかけて行います。アナゴは船で沖に出なくても、港近くのだんご岩の辺りから釣れるけれど、やはり初夏から秋の頃がいいのでしょう。

島では地物にこだわり、地物でないとアナゴでないほどのこだわりようですが、漁獲量が極めて少なくなりました。特に冬場は海苔の養殖をしている漁師さんが多く、海が時化るのでアナゴ漁に行かないようです。12月に入ってすぐに正月用の地物のアナゴを頼んでおいたのですが、なかなか手に入らないので心配しました。地物でないとここではアナゴとして通用しないのです。それほど味に違いがあります。

犬島婦人会で年数回、1斗程のばら寿司を作って高齢者の家庭に配ります。酢魚、エビなど他の食材料はいつでも手に入りますが、地物アナゴが多量にいるのでアナゴの入荷に合わせてお寿司を作るほどのこだわりです。島の人は口が肥えているので、送り

アナゴ

物のアナゴを使用したのでは、我が婦人会の名折れになるのです。七輪に炭をおこし、じゅうじゅうと煙をたててアナゴを焼く。お寿司を作る時の必要条件なのです。

勝手なもので、ヘビでは怖くて困るのにアナゴは平気です。島で釣ったアナゴが少なくなり本土の魚屋さんで買うことが多くなりました。必ず捌いてあるので、最近は自分で料理をすることが少なくなりました。アナゴはウナギほど元気がよくないので、釣りから帰って来て、料理をする頃は大人しくなっています。まず、木のまな板に横に向けて寝かせます。アナゴの目にキリで刺し、動かないようにしっかりと止め、背の部分から開いていき、骨を外して出来上がりです。骨は数個に切り、唐揚げにしたら骨ポッキーの出来上がり。アナゴを釣って料理に困ったら、いつでも持って来てくださいな。

サワラ「春ごと」

山桜がふんわりと島中を包み、畑ではエンドウが実り、ニラも日一日と逞しく伸びて、サワラ漁が伝えられると、島の人たちは落ち着かなくなります。顔を合わすと「サワラ会はいつにする」と話し合うほどでした。我が家でも「春ごとをするかなあ」と料理好きな祖母の声が聞こえてくるようです。「春ごと」とは春の良き日大きなサワラを丸ごと1匹買い求め「ばらずし」「刺身」「おなます」「焼き物」などサワラづくしの料理を作り春を堪能する、楽しい行事です。

祖母の代から「春ごと」と呼ばれるサワラ料理は必ず行いました。昔は今のように手軽に買って食べるということはありませんから、大変な楽しみでした。「今日は、春ごとじゃあ。手伝うか」祖母は少女の私の背丈に近いほど大きなサワラを大切そうに両手に抱えて台所に入りました。ほっそりした体が銀色に光っています。大きなお腹は今にもパンクしそうです。うろこがないので、つるんとしてとてもきれいです。お腹の卵をつぶさないように包

サワラ

丁を浅く入れます。取り出した卵はオレンジ色の真子でした。ていねいにボールに移します。「サワラはな、春霞のようにほわんほわんとして柔らかい魚じゃから、ていねいに扱わんといけんのじゃあ」と教えてくれました。祖母の包丁さばきは見事で、皮を剥ぎ薄銀色の濁りのない刺身となって大皿へ盛られていきました。刺身にしない部分は皮を付けたまま塩をしてばらずしに。サワラを使ったすし飯は角のとれたまったりとした味になります。サワラの時期は、少女の頃の思い出が祖母の包丁捌きとともに鮮明に思い出されます。

サワラの漁獲量が急激に減り、島の人たちも高齢化してサワラ会の声も聞こえなくなりました。岡山県ではサワラが県の名産品として売り出されています。「サワラじゃ」の唄も流行って民謡踊りに銭太鼓にと振り付けされブームとなっているようで、嬉しい限りです。

サワラずし

桜…桜とおしゃべりをしながら給食

春爛漫、桜便りが各地から聞こえてきます。旧犬島中学校の校庭を取り巻くように十数本のソメイヨシノの木があります。この桜は昭和27（1952）年に中学校の卒業生が記念樹として植え付けたもので、もう50年を超えています。島は暖かく他の植物は早く花をつけますが、なぜか桜は西大寺など本土側の桜が散りかけた頃から花が開きます。

樹木は大きく高くそびえ、広くしだれた姿はとても美しく、花は他の地域のものより濃い鮮やかな色です。見頃になると提灯の中に電球をつなぎ合わせ、桜を浮き上がらせ、家族同士、友人たちと夜桜を楽しみます。七輪を持ち出し焼き肉の煙と匂いがあたりをぼうっと包みます。

犬島学園（幼、小、中）の生徒も年に一度はお花見給食として先生方とこの場所に集まり桜とおしゃべりをしながら給食を頂きます。島外からも多くの家族連れが、弁当持参で見物に訪れます。西大寺地区の消防団も恒例の花見の宴を当地で行い、酒を酌み交

桜の下で給食

わします。

華麗さを誇っていた桜も平成３年犬島学園が閉校となり、子どもたちの声が聞こえなくなると木の力が衰え始め、枯れ枝が多くなり、花の色もだんだんと淡くなっています。

跡継ぎをと苗木を植樹しましたが、生育状況は芳しくありません。寂しい限りです。

一方、島には山桜が自生しており、風土によく合うのでしょう。木々は大きく枝を伸ばし、子、孫と増えています。宝伝から船で犬島に向かうと山桜が段々と迫ってきます。

緑の木々の中に白く、また、ピンクにと美しいコントラストを醸し出し、ふんわりと浮かぶ風情を見ると、犬島に帰ったのだと心安らぐ想いです。

ハマダイコン…励まされながらお葬式

砂浜に次々と春を彩る花々が咲き始めます。ピュウピュウと吹き付ける寒い潮風に耐え、こんな所にと思うような場所に懸命に生きている姿には感動し勇気付けられます。ハマダイコンは日本全土に見られますが、海浜植物なので海岸近くでないと生育しません。

アブラナ科のダイコン属で、ダイコンが野生化したものといわれています。地下を掘るとダイコンのように太くはありませんが、円柱形の根が付いています。花は４枚の花びらからなり、白からピンク色、薄紫色とあり、とてもかわいいものです。太陽の光を満遍なく採り入れるように放射線状に茎を広げています。花の季節は長く、３月中旬から６月頃まで咲き、大抵は群生しています。

私は就職、結婚で犬島を離れていましたが、昭和51（１９７６）年にＵターンしました。島生まれの島育ちですからすぐに慣れ、町内会のお付き合いも気軽にできるようになりました。

平成になると島外でお葬式をするようになりましたが、当時は

ハマダイコン

島で葬式をあげていました。当然亡くなった人は焼き場（火葬場）で処理しました。「おんぼう」といって4軒の人たちに大役が回ってきます。焚き物を用意したり、実際に火葬に立ち会うのです。

近所のおじいさんが亡くなり、その大役が我が家に当たりました。まだ父が元気だったのですが、腰痛を発病し、夫は出張中です。女性でもよいということで、私が出ることになりました。

おんぼうの仕事は、鐘をたたいて島を歩く、焚き物を運ぶ、焼き場の周りの草取りをする、葬式の最後まで見守るなどなど、たくさんの仕事がありました。今では亡くなった方の死化粧を手伝うことなど平気になりましたが、30代の私は怖くて怖くて、動悸が治まらなくドキドキしながら仕事をしました。

その時周りのハマダイコンが可憐な花を付けており、頑張れ頑張れと私を励ましてくれました。

ハマエンドウ…妹を守ってくれた花

桜の開花が日本中の話題になる頃、島の砂浜や岩の間から鮮やかなハマエンドウの花が咲き始めます。まるでチョウチョが一斉に遊びに降り立ったようで、花壇のスイートピーに負けないような赤紫色や青紫色に変わります。春から夏の季節まで長い間楽しませてくれるマメ科レンリソウ属の花です。

華やかなチョウ形の花に出会うとなぜか浮き浮きとし、気持ちは子どもの頃に帰りますが、心凍る思いもあります。忘れもしません、新学期が始まった小学校の４年生の時です。私たちのクラスは男子７人、女子10人で、幼稚園からずっと同じメンバーで、気心もよく分かり、仲良しで女の子は女同士で遊んでいました。

学校から帰ると、精錬所跡地へ急いで行きました。ここは子どもたちの最高の遊び場です。かくれんぼ、缶蹴り、ままごと、大自然を相手にのびのびとできました。ハマエンドウの花や実は、ままごと遊びになくてはならないものでした。

５人姉妹の私は遊びに行くとき、妹を連れていかなくてはなり

ハマエンドウ

ません。みんなと同じように走り回りたいのに妹はちょっぴり邪魔な存在です。妹をほったらかして、ハマエンドウの花集めに一生懸命になっていました。黒い砂浜に一面に咲き誇っている赤紫色に夢中でした。急に妹が泣き出しました。「どうしたの」と尋ねると「もう帰る」とぐずり出しました。私は「もうちょっと、もうちょっとね」と言いましたが聞き入れません。

「じゃあー　おんぶね」とおぶい紐を掛けないで妹をおんぶしました。「いやだ帰る」とぐずりながら「うーん」と後ろに伸びたとたん、後頭部から地面に落ちてしまったのです。

「どうしよう」「ケガをしていないか」母に叱られるのと驚きで、胸がつぶれる思いでした。幸いに大事にはいたりませんでした……。

地面に咲いていたハマエンドウが、クッションとなって妹を守ってくれたのだと、今でもハマエンドウの花を見ると感謝の気持ちがわいてきます。

オリーブの丘

オリーブの花が咲く頃となりました。かつて島内のあちこちに植えられていました。昭和22（１９４７）年小豆島から苗木を取り寄せ、栽培戸数20軒１３００本のオリーブの木が植樹されました。葉は小さな楕円形で葉の裏は白く風になびくとキラキラと銀色に輝きます。

オリーブの木はすくすくと育ち、秋になるとたわわに実をつけた木が潮風とやさしく戯れ、島中の人に笑顔をむけ、幸せな気分にと誘ってくれました。黒紫色によく熟した実はオリーブ油用に収穫し、青い実はピクルスにするため塩水に漬け込むのです。淡緑色の可愛い実は、お料理の彩りを添えるのに重宝しました。とてもおいしく、食べ出すと止まりません。

ところが昭和の後半、高齢で世話ができなくなり、牛窓のオリーブ園が木を買い上げ、移植していきました。わずかに残った木は手入れが悪いため、枯れてしまいました。

島を東と西に分ける峠に「オリーブの丘を下り来て渡船待つ

根木先生記念碑

島の教師のひと日おわりて」と刻まれた碑が建っています。この碑は犬島中学校長であった根木俊三先生の歌が昭和54年の宮中歌会始めで選ばれたことを顕彰して建立されたものです。峠のたくさんのオリーブの葉が風に揺られ、白銀色に光りながら先生たちを送り迎えしていた頃の情景を詠まれたもので、「ここがオリーブの丘だったんだよ」というただ一つの証となりました。

記念碑の後ろに植えた３本の木はすくすくと育っていましたが、平成16年の度重なる台風の襲来を受けて枯れてしまいました。大変残念なことです。

犬島海水浴場を平成11年に整備した時にオリーブを数十本植えました。ここも台風に遭い、相当痛めつけられましたが、頑張り通してくれています。峠の木の分までも引き受けて島のシンボルとして大きく育ち、乳白色の小さな花を付け、道行く人々に優しく仄かな香りを運んでくれることを願っています。

ハマヒルガオ…堤防のわずかな隙間から

浜辺にピンク色したかわいいハマヒルガオが咲く頃となりました。とても可憐で弱々しく見えますが、なかなかどうしてたくましい花です。海浜の植物は厳しい環境の中を耐えて咲くので、おのずから強くなるのでしょう。ヒルガオ科のヒルガオ属で海岸通りには日本全土に分布しており、犬島特有のものではありませんが、海岸沿いにしか見られないものです。

昔は東の港の「だんご岩」と呼ばれる砂浜に一面に咲き競っていました。潮風にブルンブルンと花びらを振るわせる姿は合唱をしているように思え、一緒に歌い、遊んだものでした。

もう何年前になるでしょうか、その砂浜一帯でコンクリートの護岸工事が行われました。風情が失われ寂しい気持ちにもなりますが、高潮などから島を守るためには必要なことなのでしょう。子どもが小さい頃自転車で海に落ち込んだことがありますが、今の状況ではその心配は無くなりました。

ある日、ふと見るとそのコンクリートの堤防のわずかな隙間か

ハマヒルガオ

らハマヒルガオが芽を出し、一列に並んでかわいいピンク色の花を付けているではありませんか。その生命力に感動し、しばしそこから離れることができませんでした。

地下茎を張り巡らして、砂浜をはうように広がって行くハマヒルガオ。どんな思いでこの小さな葉や茎で頑張り、花まで咲かせたのでしょうか。

私はハマヒルガオが愛おしく「ハマヒルガオの声」と「歌うハマヒルガオ」という童話を作りました。赤ちゃんの手のような葉っぱは、おひさまの光を一滴もこぼさないような形です。私を見て「だっこ」とおねだりしているような仕草に見えます。葉は厚く光沢があり、浜辺の乾燥から守るため、花もロウを塗ったようです。自然の仕組みは何と素晴らしいのでしょう―とハマヒルガオに話しかけました。

ハマヒルガオ

ハマチドリ…まるでバレリーナ

春から初夏にかけて浜辺を散歩する時「今日は会えるかな」と心が弾みます。何に会えるかというと「ハマチドリ」です。ハマチドリに出会うと、ドキドキしながら足音を立てないように歩きます。ハマチドリは白い色で、全長16～17センチくらいの小さな体で砂浜をコチョコチョコチョスストットと動き、まるでバレリーナが踊っているようです。

チドリは漢字で「千鳥」と書き、何百羽と群れをなしているそうですが、犬島では数羽しか見ることができません。そっと近づいても飛んでいってしまいますが、すぐ戻ってまた砂浜をコチョコチョススーットと歩きます。何度見てもあの愛らしい姿には見とれてしまいます。千鳥は童謡にも歌われ、私が一番好きな鳥です。

平成16年までは千鳥をよく見かけたのですが、17年に入ってあまり見かけません。台風の影響が出たのでしょうか。そんなことを思いながら砂浜を歩いておりました。「あっ」、びっくりして飛びのきました。もう少しで踏んでしまうところでした。卵が3個、

ハマチドリの卵

窪んだ砂浜に寄り添うようにあるのです。砂地と同じような色をしているので見分けが付きません。

どうしてこんな所へ卵を産んだの？　私が散歩道を間違えたのでしょうか。親鳥はどこでしょう。びっくりさせてごめんなさい。私は謝りながら辺りの様子を見ることにしました。チドリです。チドリがあのかわいらしい姿で様子をうかがっています。カラスも来ています。私は丈夫に育つように祈りながら、その場を立ち去りました。

家に帰ってからもあの卵が気になり、野鳥の会の丸山健司さんに電話でお聞きしました。チドリの卵に間違いないこと、チドリの命は3年くらいで、その間にヒナが2羽育つと良い方で数は増えてないことなど教えていただきました。次の日、もう一度あの場所に出かけました。卵がありません。カラスの餌食になったのでしょうか。自然の厳しさに胸を痛めながら空っぽになった砂地を見つめる私です。

水仙の花

例年より少し遅れて水仙の花が潮風と戯れながら咲き始めました。平成17年は暖かい日が続いたので冬はまだだとのんびりと構えていたようです。地中海性気候の島の土地が気に入っているのかよく育ちます。甘い匂いの清楚なこの白い花が私は大好きです。12月から翌年の3月頃まで、島中を水仙の気品高い甘い香りで夢ごこちにさせてくれます。

16年の台風の高潮には他の花木は枯れてしまったのに、ヒガンバナ科の水仙は大地を押し上げ逞しく芽吹いた姿には感動し、元気づけられました。花の姿や香りから弱々しい花のような感じがしますが、想像できないような強さです。繁殖力が旺盛で3、4年も掘り上げないでいると、球根が増え絡みあって大変です。草むらに投げ捨てられてもしっかりと根を下ろし、次の年には必ず花をつけます。北風に吹き飛ばされそうになって海岸に楚々と咲いていると愛おしさが込み上げてきます。この逞しい花も弱いところがあり、葉を刈ってしまうと翌年には花が咲きません。

水仙の花

水仙は非常に古くギリシャ神話の中に登場します。美少年ナルキッススは池に映った自分の姿に恋をして、成就しないのを嘆いて死んでしまいます。その場所にこの花が咲き、人々はナルキッスス（水仙）と呼ぶようになったとか。日本には中国から伝わり、室町時代には雪中花として本に登場しているそうです。犬島へはいつ頃持ち込まれたのでしょうか。調査不可能ですが、昔々美しい姫君が持参して植えたように想像しています。

水仙はたくさんあるので、すらりと伸びた葉とともにいろいろな生け方を楽しんでいます。袴をつけて生花風や花ばかりまとめて自由花、大きな花瓶にいっぱい入れたりと贅沢に生けることができます。自分が好きなので人も好きだろうと勝手に思い込み、時々花束を作り、魔法をかけて差し上げます。「この花貰った人幸せになるよ！」と。

ハマボウフウ

夏が近づくと島の海岸では色とりどりの海浜植物が花開きます。花は白で少し地味ですがハマボウフウも凛と背筋を伸ばして誇らしげに咲き始めました。この野草は今では島で1カ所しか生育していなくて絶滅の危機を迎えていました。東の港近くの通称黒浜で精錬所跡地を整備する護岸工事が始まりました。大きな岩石を積んで海岸を荒波から守るための大切な工事です。どうしたらハマボウフウを助けることができるのかなと思い、勇気を出して工事担当者さんにお願いしたところ、快く承諾していただき残すことができました。

この話を公園協会の事務局長さんにお話ししたところ、専門家と一緒においでになり、条件に合う場所があれば移植をしてみようと調査をしてくださいました。

私にできることはないかなと「がんばれハマボウフウ」という童話を書きました。女の子がハマボウフウを助けるため、工事のおじさんに頼んで生き残れることになった話です。それを読んで

ハマボウフウ

くださった精錬所跡地の工事事業所の所長さんが「ここに海浜植物の花壇を造ろうよ。野草の名前や花の咲く時期を教えて」と言ってこられました。早速調べてみると黒浜には10種類、島全体では17種類の海浜植物が生育していました。工事担当者の方が写真を撮って実物と写真で確認しました。

花壇は10区画犬島石を使って造りました。プレートも立派な物ができました。「ここにくると海浜植物が一目で分かるね」と工事事業所の所長さんは満足げです。小さな童話からこんなに立派な海浜植物の花壇ができ、とっても嬉しいことです。夏の暑さのため逞しい海浜植物も息もたえだえです。ハマボウフウのお陰で工事の担当者の方と心通わすことができ、来春には根付いて花を咲かせてくれることを皆様と一緒に心より願っています。

ハマボウフウ

天体観測

「わぁ！　屋根が動く」子どもたちの歓声が上がっています。屋根がずんずん動いて満天の星空が頭上に輝きました。ここは犬島自然の家の天体観測室です。小学生対象の惑星ウオッチングの会に私も参加させてもらいました。

まず春の星座で一番見つけやすいおおくま座の見つけ方を、商大付属高校の畠浩二先生から教えていただきました。おおくま座を見つける目印は北斗七星で、ひしゃくの形に並ぶ北斗七星はおおくまの背中からしっぽに当たります。「次はこぐま座」とわいわい言いながら肉眼で捜します。ここには口径20センチ屈折望遠鏡と40センチ反射望遠鏡がありコンピューター制御で雄大な星空観測ができるのです。肉眼でも光り輝く美しい星が望遠鏡では何十倍の輝く光となり、「わあ、きれい」「青う見える」「今度は真っ赤だ」と子どもたちも連続で感嘆の声を上げています。今夜は特に空が澄んでいて、弥生三月だというのに冷え込みは冬並みですが風もありません。島は周りに高い山や明かりがないため星空が

天体観測室

よく見え、今夜は特に絶好の観測日和となりました。参加している小学生も星空に興味を持っている子どもたちばかりなので、知識もあるようです。

「わあ、ワッカだ」。土星の環もはっきりと観測できました。普通だとゆらゆらと動くのだそうですが、風がないので最高です。寒さも忘れて美しい夜空を堪能しました。

次の日は午前10時から太陽の観測です。太陽は強力な光を放っているので特殊なプロミネンスフィルターという器具を取り付けて見ます。黄色や緑色などを通さない水素の光だけを通すフィルターです。夜空の観測はたびたびしましたが太陽を見るのは初体験です。恐る恐る覗いて見ました。なんといって表現すればいいのでしょうか。赤の中の真っ赤です。残念ながら黒点は見えませんでしたが、燃える太陽の素顔にちょっと近づきました。三日月のように見える真昼の金星も観測して大満足。皆さんも一度宇宙のロマンに浸りにきませんか。

第5章　ようこそ島へ

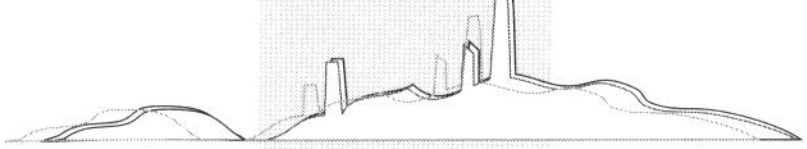

石原軍団の来島　西部警察①

犬島には明治時代に建てられた銅の精錬所の跡地があります。広い敷地には煉瓦作りの擁壁や煙突が、長い間の雨や風にさらされ少しずつ姿を変えながら独特な風景を残しています。また、島内の狭くて急な小径や古い家並みは、ほのかなノスタルジアを感じさせる魅力的なロケーションを醸し出しています。

こうした島の風情を求めてこれまでに多くの人たちが写真の撮影や絵画、映画やテレビのロケに島を訪れました。

まず、西部警察です。歯科医で治療を受けていたら「在本さん犬島だってね。西部警察のロケがあったのでしょう。再放送を見ました。爆破シーンはすごかったですね。島にはロケに向いた、いい場所があったのですね」と20代と思われる医師の話に当時のことを懐かしく思い出しました。

西部警察は今から20年くらい前一番人気のある番組でした。そのフィナーレを犬島で撮影することになり大変な話題となりました。

天満宮参拝後の石原軍団

ロケは昭和59（１９８４）年7月に3日間にわたり行われました。期間中近隣はもちろん全国からも多くのファンが押し寄せ、島はお祭りムードです。

何しろ超有名な石原軍団の面々が来島するのですから大騒ぎです。大門団長の渡哲也さん以下、柴俊夫さん、館ひろしさん、石原良純さん、峰竜太さん、御木裕さんたちの人気者が勢揃いしました。他に山村聡さん、原田芳雄さん、中村晃子さん等超豪華メンバーです。当日は、渡哲也さんたちスターとスタッフが揃って島の氏神様の天満宮へ参拝しました。島の小道をスターたちが歩きます。ロケ中は事故なく無事に作品が完成しますようにとお祈りをしたのです。

海の上でのロケ　西部警察②

ロケは、大会社の社長に扮する山村聡さんが人質となってアジトに閉じこめられ、その社長を助けに大門軍団が小さなボートでやってきます。海の上でのロケは地元の漁師さんたちも駆り出されています。船が近づき過ぎたり離れ過ぎたりとなかなか思うように撮影できません。だいぶ時間がかかったように思われました。

精錬所内の大煙突に鉄枠を設け檻にしています。30メートルはある煉瓦造りの煙突は青い空に真っすぐに延び、怖いような迫力があります。山村聡さん扮する社長の人質はその檻から無事救出されました。夏の太陽はギラギラと容赦なく照りつけ、砂けむりの中、団長は国際テロリストに扮する原田芳雄さんのアジトのある丘を登っていき、悪者と銃撃戦を繰り広げ、アジトが爆破される寸前に団長は脱出しますが、深手を負って壮絶な最期を遂げるというものです。演技をしている方も見物人も暑さでバテ気味です。

そんな中、石原プロの小林正彦専務は明るく愉快な方で、見か

かき氷を食べる渡哲也さん

けも中身も太っ腹です。でっかいことは天下一品と思いました。上半身裸になり、直径1メートルはあるようなたらいのようなお鍋に自らカレーを作っています。うだるような暑い夏の午後、汗は滝のようです。「さあさあ、食べて食べて」とスターもスタッフも大勢の見物人にも大盤振る舞いです。私は食事をしていたのでカレーは頂きませんでしたが、かき氷を頂きました。

傍では殉職したはずの大門団長の渡哲也さんも顔に傷を付けたまま、砂まみれのスーツ姿でおいしそうにかき氷を食べています。ちょっと前まであんなに大変な演技で厳しい顔をしていたとは到底思えないような、優しい笑顔を私たちに向けています。とても優しい人情細やかなお人柄なんだなと心に残りました。サインは後でまとめてするからということでしたが、カメラを向けても気軽に応じてくださる大スターでした。

島が吹き飛んだ　西部警察③

これでこの番組も最後なのだと、みんな身につまされたのでしょうか。大門団長の最期の場面は部下に扮した館ひろしさんや石原良純さんたちは「死ぬな」「俺たちはどうすればいいんだ」と涙を流して迫真の演技でした。葬列の場面も印象に残りました。

多くのエキストラの中に、瀬戸内海放送の局長の細川氏が麦わら帽子をかぶって出演しました。私が以前勤務していた職場の上司の方で、厳格で控えめなお人柄で、このような場へは出てこられない方だと思っておりましたが、なかなか様になっており、お似合いです。ほほえましくなりました。視聴率の高いこの番組、お力を入れていらっしゃったのでしょう。

昭和59（1984）年の5月頃からロケ現場である精錬所跡地では、悪者のアジトとなる2階建ての事務所を建て始めました。食料品雑貨店をしている我が家には、作業に当たっている人たちが飲み物を買いに来てくれました。現場へ荷物を運ぶための船の手配が大変である、暑い中重たい材料を人の力だけで高台へ運ぶ

爆破撮影風景

のはしんどいことなど、苦労話を聞かせてくれました。

いよいよこのロケの一番の見せ場である爆破シーンの撮影です。3カ月近くもかかって建設した事務所を燃やしてしまうのです。関係者も大勢の見物人も緊張してきました。警察や消防の関係者も待機しています。島内には「爆破を午後2時頃いたします」と放送がありました。学校は授業を少し繰り上げて先生も生徒も駆けつけました。島中の人たちが精錬所に集合しました。

今か今かと緊張の一瞬です。「ドカーン」鼓膜が破れるほどの爆音を立てて、事務所は赤い火柱を上げめらめらと燃え始めました。爆音は島中に轟き、本当に島が吹き飛んだのではないかと思ったほどです。私自身は大きな揺れも感じたように思いました。そんな大騒ぎを横目に、精錬所跡の煙突は何があったのといった様子で、静かに見下ろしていました。

今村昌平監督をご案内　カンゾー先生①

昭和20（1945）年5月から終戦まで、肝臓病に立ち向かうお医者さんを描いた「カンゾー先生」のロケが、牛窓町で撮影されることになりました。その一部のシーンを犬島でということで、下見の案内を頼まれました。カンヌ国際映画祭で2度もグランプリを受賞した世界的に高名な今村昌平監督を、私一人でご案内するので緊張して待っておりました。

平成9年7月12日のことです。朝8時の船で、監督さんは録音や美術の人など十数人を引き連れてやってきました。私は松田プロデューサーなど2、3人かと思っておりましたので、数の多さにまず圧倒されました。最初に竹やり訓練の場の予定地とされている中学校跡地の運動場へ案内しました。

スタッフの人たちは広さを測ったり、周りの景色を調べるため散らばりました。監督さんと2人きりになり、立ったまま、どんな話をしていいのか分からず、おしゃべりな私も黙っておりました。すると普段は人気のない所なので、「良い獲物が来たわい」

今村昌平監督とツーショット

と思ったのかヤブ蚊が襲ってきました。私は手で振り払い、ふと見上げると監督さんのほっぺたに大きな蚊が止まっています。私は思わず「ぱちり」平手で顔を思い切り叩きました。白い頬は赤く変わっています。「ごめんなさい。こんなに蚊がいるとは。蚊取り線香を持ってくれば良かった」。

突然の平手打ちなのに全然びっくりなさらず、悠々とやさしくほほえんでくれました。緊張がいっぺんに吹き飛んでしまいました。続いて中の谷の海辺へ案内しました。戦前のおもむきがある港や民家、監督さんはとても気に入った様子で熱心に見ておられました。

我が家の近くへ帰ってきたので、ひとまず冷たいウーロン茶で休んでいただきました。母も夫も加わり犬島の現状や昔の話に「静かで良いところですね」と応じて下さいました。無口で静かにとつとつと話されますが、気さくで親しみのあるお人柄に感心をし、あの逞しいエネルギーはどこから出てくるのかと思いました。

精錬所跡地に捕虜の収容所

カンゾー先生②

　牛窓町ではロケが始まりました。「処方箋を書いとくけえ、薬局へ行ってくれ」と監督のお父様がいつも言っていた言葉を台詞に加え、父親の姿と重ね撮影が進んでいます。主演の三国連太郎さんが膝を痛めて、急きょ柄本明さんで撮ることになったりとハプニングはありましたが順調のようです。犬島ロケが行われたのは平成9年8月の末でした。捕虜の収容所を精錬所跡地に建てて行われました。ロケ現場に行ってびっくり。広い敷地には大きな車数台、おびただしい数のお寺の梵鐘、軍服、軍足など数え切れないほどの道具が並び、スタッフも50人ほど炎天下で、まさに戦場のように立ち働いています。世良公則さんなども来ておられましたが、ちょうどお坊さんに扮した唐十郎さんが額に傷をつけ、縛られて連行される場面です。少しの間見ているだけでもギンギラの太陽の下、日射病になりそうなので早々に引き揚げました。

　次の日は夜、ロケ現場を訪れました。金山一彦さんが軍人になり、オランダ兵の捕虜の役のジャック・ガンブラン氏（フランス

金山一彦さんと

の俳優）を拷問しているシーンです。大煙突の中で、これは前に西部警察で檻として使用した場所です。なかなか真に迫っているので怖いようで胸がキリキリ痛みました。撮影が終わると金山さんはすがすがしい好青年になっていました。以前ＮＨＫのテレビドラマ「生きのいい奴」に出演しておられ見ていたので、少しその話をしました。

次に、現場には倒れそうな暑さの中を毎日一番乗りで頑張っておられ、真っ黒に日焼けした今村監督に「お元気ですね。現場は暑いので大変ですね。お疲れになりませんか」と声をかけると「いいえ好きなことだから、疲れませんよ。元気ですよ」とのお答え。そうなんだ。好きな仕事ができているから監督さんはいきいきと輝いて疲れないんだ。時間がかかっても納得のいく良い作品を作ってくださいと心から願いました。

私も故郷犬島の小さな話を書きためて、好きなことだからと素直に言えるように頑張りたいなと思いました。

二人きりの記念撮影　カンゾー先生③

平成9年9月23日、唐十郎さんたちが再びやってきました。精錬所近くの海で船の撮影です。どしゃぶりの雨の中、船の転覆シーンを撮影したようです。私は見ていなかったのですが、松田プロデューサーや助監督さんは命がけだったんだなと思いました。

次の日はからりと晴れた良い日です。精錬所前にある沖鼓島で梵鐘を供出するシーンを撮影しておりました。昼間撮影の合間に唐十郎さんをお訪ねして、以前NHKのテレビドラマ「匂いガラス」（唐十郎作）に息子さんの大鶴義丹さんや仙道敦子さんが出演してこの場所で撮影したのですよ、とお話ししましたが、あまり関心を持っていない様子でした。

午後8時頃、「こんばんは、唐十郎です。本日はお話しに来ていただいたのに、撮影中で失礼しました。明日は東京へ帰ります。大変お世話になりました。」とわざわざ我が家まで来てくださりご丁寧なご挨拶、大感激をして宿泊をしている『シーサイド犬島』へ駆けつけました。

今村昌平監督と唐十郎さん

そこには今村監督と唐十郎さん、そしていつも監督さんとご一緒の録音の紅谷さんがおられました。「7月から始まったロケもその後は順調に進んだ。学校跡地で竹槍訓練の撮影をしようと思っていたら出演者の山本晋也さんの日程調整がつかず撮れなかった」等お話ししてくださいました。

撮影は秋になっていますが映画は終戦の日の8月までですから。私は唐さんに「匂いガラス」（昭和60（１９８５）年6月ロケ）の大鶴義丹さんが高校生で、可愛かったこと、撮影の合間には私のスクーターを島中乗り回したり、海中撮影がありその時カキで足を切ったことなど思い出話をいたしました。

「東京へ帰ったら、三枝健起（ＮＨＫの看板ディレクター）に犬島へ行ってきたよと話をするよ」と住所と電話番号を書いてくださいました。その後４人で記念撮影もさせていただきました。唐さんと今村監督は「一緒に記念撮影なんかしたことがないな」と二人きりの記念撮影を笑顔でリクエストされました。大変楽しいひとときでした。

港を走る柄本さん　カンゾー先生④

平成9年10月21日、助監督の山本さんがおいでになりました。島の北側にある中の谷という港へ船をつけ、カンゾー先生に走ってもらうそうです。今村監督を島内を下見案内した時とても気に入った場所だったので、やはり撮影をしておきたかったのでしょう。

船外機のついた今風の船が港に停泊していたらまずいので、ロケの時は場所を変えてもらうように頼みました。現在は島でも昔風の木の船はありません。避けてもらえない船はカバーで隠すことにしました。山本助監督は周辺の人たちにカンゾー先生のTシャツを持って来て配布してくださいました。

次の日は晴天に恵まれた良い日です。スタッフ多数は大きな船で入港。カンゾー先生は急患を往診するため小さな船で港に入り、中の谷の小さな港を走るという設定です。今村監督は満足げに港から石垣の続いた細い道をのんびりと散歩しておられました。こだわりを改めて見せていただきました。柄本さんは見物人に気軽

気軽にサインに応じてくれた柄本明さん

にサインにも記念撮影にも応じていました。もう最終段階に入っており、監督さんも柄本さんも余裕があったのでしょう。監督は長い間この作品を温めておられ、お父様の「医は仁術」という精神をこの作品に込めて作られたとお聞きしました。開業医は足だ、ということで、カンゾー先生はひたすら患者の元に走ります。

最初三国連太郎さんで撮影していたのを、走ることができなくなった三国さんに代わって柄本さんを起用して、とても良かったとおっしゃった言葉が印象に残っています。先日ＮＨＫテレビ「道中でござる」を見ておりましたら、ゲストに柄本明さんが出ておられ、懐かしく思い出しました。一度お会いした人はテレビを見ても親しみ度が全然違います。相変わらずとぼけたところがユーモラスです。あの頃とお変わりない姿に頑張ってねと心から大笑いをして拍手を送りました。

今村昌平監督を悼む

平成18年5月30日、今村監督の訃報をニュースで知り、びっくりいたしました。昭子夫人はさぞお力落としのこととお察しいたします。ロケ中は奥様も同行なさり、何かとお世話を焼いておられました。

牛窓で撮影できない部分を犬島でということで、今村昌平監督の下見の案内を頼まれました。平成9年7月12日のことです。いつも監督に寄り添っている録音の紅谷さん他十数人を引き連れてやってこられました。監督は足がお悪く、杖をついておいででしたので、軽トラックをお借りしてご案内しました。

昭和59（1984）年に「瀬戸内少年野球団」のロケ地として使用しているので、精錬所跡地は使わないつもりでしたが、「ぜひ見てください」と無理やりお連れしましたら、とっても気に入り、捕虜の収容所を建てて使うと計画なさいました。映画の初シーンも精錬所跡の煙突が大きく登場しています。

犬島ロケは捕虜の収容所ができ上がった8月末でした。連日の

今村昌平監督を悼む

暑さの中、深夜0時頃まで作業を続けたり、日中炎天下の中で撮影をしたりと大変ハードなスケジュールです。真っ黒に日焼けした今村監督に「お元気ですね。現場は暑いので大変ですね。お疲れになりませんか」「いいえ好きなことだから、疲れませんよ。元気ですよ」とのお答え。そうなんだ、監督さんは長い間温めてこられたこの作品に命をかけておられるのだ、好きな仕事ができているから、監督さんはいきいきと輝いて疲れないんだ、と改めて感じました。

あれから数年して今村プロの松田氏からも「なかなか作品が入らず、みんなでやきもきする毎日です」とお便りを頂きました。カンゾー先生は最後の大仕事になったようです。犬島も私も関わることができ、今村監督とも数々の思い出ができ、一生大切にいたします。ご冥福を心よりお祈りしております。

ヨーロッパの古城のような趣　匂いガラス①

「『匂いガラス』のロケが行われた所って聞きましたが、やっぱりこの島では今でも毒ガスか何かを作っているのですか。息が苦しくなりましたが」と役者志望の若者が訪ねてきました。

私はこの匂いに慣れて何ともありませんが、初めての人にはかなり強烈なのでしょう。苦笑しながら香料の会社があり、プロパンガスの匂い（着臭剤）等を作っていることを教えてあげました。

「匂いガラス」を演出した三枝健起さんとカメラマンの葛城さんは、何度も下見に島を訪れました。岡山放送局から依頼がありロケの現場を探すお手伝いをしました。

葛城さんはカメラをずっと回して犬島の景色を撮影しています。NHKでは飛び切り腕の良いカメラマンだそうです。三枝さんは礼儀正しい育ちの良い坊ちゃんという印象の人です。お兄さんは作曲家の三枝成彰氏です。

精錬所の跡地はとても気に入った様子です。持ち主の中村家へ行き、使用の許可も頂きました。発電所跡地はヨーロッパの古城

三枝健起さんと

のような趣があり、ここを野外ステージに見立てての撮影も決定しました。

昭和60（1985）年6月22日、主演の大鶴義丹さんと仙道敦子さんがやってきました。2人とも高校生で、名前が売れていないので島の人はみんな知らん顔です。三枝さんにとっては好都合のようです。制作の高橋康夫さん以下大勢のスタッフが島に入りました。

この作品はオールロケで行われ、唐十郎氏の2回目の作品で、高橋さんと三枝さんのコンビで芸術選奨文部大臣新人賞を受賞しました。

バレエを舞うシーンで転落場面があり、中学校から大きなマットレスを借りてきたりと美術担当の稲葉寿一さんは大奮闘です。何しろやっと軽自動車が通れるくらい島の道は細いのですから。

大鶴義丹さんを叱りながら

匂いガラス②

唐十郎さんの長男・大鶴義丹さんはバイクを乗り回す大学生「貝二」役、仙道敦子さんはバレリーナ志願の少女「さやか」役、2人は大阪の運河沿いの下町のアパートに住んでいます。さやかは偶然匂いのするガラスを見つけます。戦時中、戦闘機の風防ガラスに使われていたものです。こすると甘酸っぱい香りを放つのです。貝二も別の匂いガラスに出合うのです。2人は匂いガラスを探して瀬戸内海の島にある工場跡へと出向いていきます。戦争の影をさりげなく出し、匂いガラスに導かれて2人は心を通わせるというものです。

撮影の準備ができるまで、仙道さんや吹き替えのバレリーナ藤井直子さんたちは我が家で一休みしていただきました。大鶴さんは私のバイクに乗って島中を駆け回っています。ふてくされたようなところが演技なのか地なのか区別がつきません。好奇心いっぱいの少年のようです。

仙道さんはおとなしい少女で、私にも同じ年の息子がいること

仙道さん、藤井さんと

などお話ししました。バレリーナの藤井さんと仙道さんはそっくりで、２人が同じ化粧をして同じ衣装を付けると区別がつきません。

いよいよ発電所跡の野外ステージで踊るシーンの撮影です。仙道さんもバレエは特訓中だと言っておられましたが、藤井さんの演技は素晴らしいものでした。ファンタスティックな詩のような場面は、映像作家三枝氏によってより一層幻想的に描かれていきました。

見学者は私と精錬所の持ち主の中村さんと2人の独壇場です。転落シーンがあるので舞台は高いところにあり、はしごで登りました。

大鶴さんは水中撮影があり、海岸のカキで足の裏を切ってしまいました。私も経験がありますがとても痛いのです。早速私の母が傷の手当てをして孫と同じくらいの大鶴さんにじっとしていなさいと、叱りながら傷口を消毒していたように記憶しています。

五十数年前にタイムスリップ　鉄人28号①

「犬島再発見の会の在本さんですか」と東京の映画会社のプロデューサーが訪ねて来ました。監督の富樫森氏が「鉄人28号」の撮影のため、精錬所跡地を鉄人が製造された秘密基地としてぜひ使用したいということです。岡山市文化政策課長を通じて、精錬所跡地の持ち主の福武聰一郎氏に依頼し撮影の了解が頂けました。「鉄人28号」といえば漫画やTVアニメで見た記憶はありますが、劇場版実写映画の撮影だと告げられ、どのようなものになるのか見当がつきません。

平成15年9月4日、まだ残暑の厳しいギラギラの太陽の下でロケは始まりました。出演者の中村嘉葎雄氏、主役の金田正太郎役の池松壮亮君など約50名のスタッフが来島しました。岡山市の文化政策課職員の方2名も、戦時中の出で立ちでエキストラとして出演しています。頭髪を短くし、ゲートルを巻き国防服を身につければ別人のようです。五十数年前にタイムスリップしたようで、一人の方が父の若い頃に似ていて、こんな姿だったなあと幼い頃

「鉄人28号」の撮影風景

を思い出しました。

マスコミ関係者も多数取材に来ています。中村嘉葎雄氏が出て来て、精錬所の丘に登り始めました。撮影地を探しにこられたプロデューサーの方も汗を飛ばしながら、私が見ているのも気づかない様子で忙しそうに歩き回っています。

あまりにも暑いので日陰に入ったところ、スタッフの方に子役の池松君のお母様だと紹介されました。８０００人の応募者の中から選ばれたという、今注目の天才子役の母は、大丈夫だろうかというようなまなざしで静かにロケを見守っています。「暑くて大変ですね」などと月並みな話の後少し犬島の話をしながらロケの進み具合を眺めていました。

傷心の正太郎少年が美少女科学者の立花真美に扮する蒼井優さんと砂浜で語り合うシーンが向かいの沖鼓島で撮影されることになりました。島の横山さんの船で移動が始まりました。夕日が真っ赤に海面を照らしながら沈む頃となり、撮影は順調に進んでいるようです。

鉄人の誕生地　鉄人28号②

平成17年2月下旬に岡山県立図書館で映画「鉄人28号」の特別試写会が行われました。富樫監督も東京から駆けつけ「ツタの絡まった建物、古い良い時代の残っている独特の雰囲気が、鉄人の誕生地としてぴったりと思った。島の人がとても協力的だった」などお話しされました。

映写機が回りだすと、空からの撮影で精錬所跡地の全景が画面いっぱいに広がりました。青い空、白い雲、赤いレンガ作りの精錬所の建物がくっきりと映り実際の風景よりも美しい！

東京でテロ発生。巨大破壊ロボットが東京の町を暴れ回ります。東京タワーも飴細工のように壊されていきます。実写とコンピュータグラフィックスの融合で表現されているそうです。

そんな時、正太郎少年の元へ中村嘉葎雄さん扮する老人から連絡があり秘密基地へ。ここで犬島の横山計一さんが操縦する横山丸へ2人が乗り、登場します。私の隣の席では彼が画面を凝視しています。見慣れた精錬所の港へ船を着け上陸しました。ちゃん

「鉄人28号」の撮影風景

と船名も確認でき、思わず顔を見合わせにっこりしました。画面では精錬所跡地が映し出され、その建物の中へと入っていきます。そこには亡き父が平和利用のために何度も作り直した28号目の巨大ロボットがありました。正太郎少年は直感でリモコンを持ち、操縦していく決心をし、破壊ロボットに挑んで戦います。

犬島ロケでは中村嘉葎雄さんと主演の子役池松壮亮君たちだけでしたが、以前犬島でロケした「カンゾー先生」に扮した柄本明さんやお茶の間に馴染みの俳優さんたちが脇を固めていて見応えがありました。特に池松君の演技は素晴らしく、驚いたり内面的な悩みを表す表情など今でも目に浮かびます。春休みに日本全国で公開されます。子どもたちも目を輝かせて鉄人28号の活躍ぶりを応援するでしょう。

瀬戸内の美しい犬島が富樫監督の手でより一層輝いて見えました。

第6章　アートが輝く島

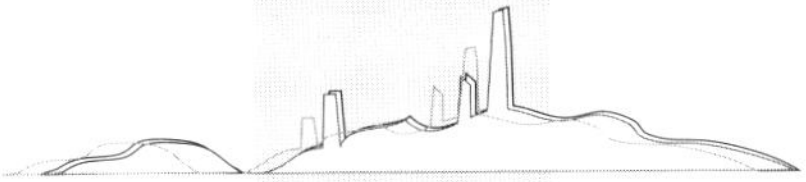

普通のおじさん　犬島に維新派がやってきた①

平成13年に精錬所跡地をベネッセコーポレーションの福武總一郎氏がお買いあげになり、この跡地で、歴史と文化の犬島を全国に発信しようと提案されました。岡山市はこれを受け芸術祭中心企画として「犬島アーツフェスティバル」を開催することになり、岡山市文化政策課が担当することになりました。

平成13年11月、大阪を拠点に活動している劇団維新派松本雄吉氏が下見に訪れました。彼は大規模な野外劇を作りあげ、創造性と芸術性で若い層から非常に支持を受けている劇団だそうです。初めて島を訪れた松本氏はとても気に入ったようです。犬島の歴史の話もいたしました。「すごい人なのよ」と聞いていましたが、見た限りでは普通のおじさんのように感じました。

公演が決まりました。期間は夏の3週間ですが、この劇団の特徴は舞台や大道具小道具等すべて手作りです。60~70人の団員が1カ月間島に泊まり込み、舞台作りと練習などを行うというのです。

松本雄吉氏

12月19日、島のコミュニティーハウスで島民に向けての説明会を開きました。明けて平成14年1月24日は、公演宣伝用のポスターを撮影するため団員35名が来島しました。団員の食事作りも兼ねて「懇親会」をすることを提案し、おでんとおにぎりでおもてなしをしました。ポスター撮影の精錬所跡地へ行ってみると、寒い1月に真夏の恰好です。ガタガタと震える姿が気の毒になりました。テントの中にストーブを焚いての撮影でしたが、出来上がったポスターは夕闇に包まれた〝盛夏〟で素晴らしい出来上がりでした。

6月、維新派のスタッフが犬島へ現地入りです。約100名ということなので、岡山市立犬島自然の家、コミュニティーハウス、民家等へ分けて泊まっていただきました。我が家も港近くに別宅があるので提供しました。最初は島の人たちも冷めた目で見ていましたが、若い劇団員たちの熱心さ、素直さ、その上に美術の腕の力量に目を見張り、若者たちのとりことなったようです。

土建屋さん顔負け

精錬所跡地では、暑い日中に作業が進んでいます。まず高さは12メートルはある舞台作りです。土地を平らにしてその上にジャングルジムのような鉄骨を組み立てます。お客様が座るスタンドも作っています。松本氏の指揮の下に土建屋さん顔負けです。ここは男子団員の持ち場です。

テントの中は美術班が大道具小道具の製作に、自然の家では衣装班がミシンを使い舞台衣装作りに熱中しています。ダンボール箱が必要と団員が持って帰りました。何に使うのかなと思っていましたらトランクに生まれ変わっていました。

東の地区のコミュニティーハウスは食堂です。大半の団員が泊まっている西地区の自然の家から一日3回食事に通います。100名近い団員が一日3回島を横断するのです。明るくハキハキとした笑顔で島の誰にも挨拶をしてくれます。高齢者の多い島ではこの団員たちを孫や娘、息子のように思い、世代を超えた交流が始まりました。夏野菜ができれば差し入れし、お菓子がある

大道具小道具の製作中の美術班

と食べさせ、励まし、励まされて日々を重ねていきました。

猛暑の中、真昼は舞台作り、夜はお芝居の稽古と一寸も休む間がありません。新作野外劇「カンカラ」はジャンジャンオペラと呼ばれる関西弁で、音楽は内橋和久氏の怪しげな独特なリズムで始まります。主人公は大阪に住む少年。死んだ親友の骨を大阪の川に流して、自分も島にたどり着き、死んだはずの親友と再会するという物語です。主役のワタルという不良少年役を演じる春口智美さんも毎日のようにやってきて、アイスクリームをおいしそうに食べていました。小柄な体につなぎの作業衣姿は本当に少年のようです。西大寺高校の出身でとってもチャーミングな女の子の岡崎さんがいました。お母様が練習風景を見たり差し入れにとたびたび訪ねてこられていました。郷土愛でしょうか。地元出身だと親近感がわき、可愛く親類の子のように思われました。

夢に向かって頑張っている若者を、島の人たちはみんなで応援しました。

大煙突も空も月も全てが舞台

犬島に維新派がやってきた③

平成14年7月19日、いよいよ犬島アーツフェスティバルの開演です。17日の夜は最終リハーサルが、萩原市長を始め報道関係者や島の人たちを招いて行われました。オレンジ色の夕日が精錬所の煙突を染める午後7時、本番と同じように開幕しました。

練習は時々見ていましたが、本番は全然違います。精錬所の大煙突も空も月も、宇宙全てが舞台という壮大なものです。日没の時間も計算され、夕闇に浮かぶ精錬所跡地の風景は、言葉では表せないほどの素晴らしいものです。「カンカラ」という題は缶蹴りの音から連想したと松本氏は言っておられましたが、精錬所跡地は私たちが子どもの頃ここでよく缶蹴りをして遊んだ所です。

死んだ親友の骨を大阪で流し、たどり着いた犬島で親友と再会します。この島にある伝説の、菅原道真公が犬と再会することをヒントにしたのかなと思いました。宮沢賢治の『銀河鉄道の夜』も下敷きとなっているとか。

炉に火が入り、大勢の作業員がモッコをかついで動き回るシー

屋台村

ンがあり、あの明治時代にタイムスリップして、精錬所が稼働しているのと錯覚しそうでした。

公演期間中、この劇団の目玉となっている「屋台村」があります。大阪仕込みの商人たちの屋台にはアルコールが並び、モンゴールパンという珍味な食べ物には長い長い列ができました。また、島の人たちの屋台では、赤飯、おでん、おにぎり、焼きそばが味の良さと安価であっという間に完売。その盛況さはまさに、明治30年代（この島が一番栄え、約6000人の人が住んでいた）の築港景気が蘇り、当時を彷彿としのばせてくれるようでした。

期待通り維新派のお芝居は見事で、多くの人々が各地から観劇に訪れ、犬島という歴史、文化にあふれた島があるということが全国に知れた暑い夏でした。

一時、お騒がせ台風が接近し、心配しましたが、みんなの願いが届き、何事もなく無事、公演は終了しました。

神は維新派の団員と島の人に味方をしてくれたのです。

シンポジウム

犬島に維新派がやってきた④

平成14年7月27日、犬島自然の家を会場にしてシンポジウムが開催されました。私もパネリストの1人として参加するのです。司会はアーツフェスティバル実行委員会事務局長で、おかやまアートファーム代表の大森誠一氏です。1人目は維新派主宰の松本雄吉氏、脚本、演出、芸術監督を務めていらっしゃいます。

そして関東から静岡文化芸術大学教授で、演劇評論家の扇田昭彦先生です。島へは奥様とご一緒においでになられ、お話をしていたら四国のご出身で、犬島のさび石が特に気に入られ、瀬戸大橋の記念碑を作った藤本良和先生の奥様と親友だということが分かり、びっくりしました。

もう1人はジャーナリストの小堀純氏です。関西に拠点をおき、全国的視野で演劇を中心に紹介、評論、企画活動を展開しておられるとか。月刊『オール読物』で「中島らもとせんべろ探検が行く」を連載中です。私を除いては錚々たるメンバーです。

会場には、入り切れないほど大勢の人々が訪れていました。維

談笑する松本雄吉氏

新派の野外劇の素晴らしさを改めて感じます。報道関係の人たちも多いようです。松本氏は顔見知りの人も多く「パネリストよりあちらに並んでいる人の方が偉い人が多いで」の言葉に、身が引き締まっていましたが、話が進むうちに緊張も解け、普段のようなおしゃべりをしていました。

松本氏は「精錬所跡地、星空の美しさなど独特のロケーションで最高の舞台となった。台風の襲来で初めて神様に手を合わせた。劇の中でも八百万の神々にも登場してもらった。この島は面白いところで、田舎であって田舎でなく、島の人の戸籍調べも全部できた」などユーモアを交えて話されました。

私は素直な気持ちで、過疎化、高齢化が進む犬島に久々に若い人が訪れ、世代を超えた交流ができ、島が活気付き元気になった、全国の人にここにこうして魅力ある島があることを知っていただいた、と喜びを伝えました。

大阪芸術大学　未来に生きるモアイ計画①

平成９年、岡山城築城４００年の記念イベントの一環として「未来に生きるモアイ計画」が学生たちにより行われました。島の石で石彫作品を現地で制作するように、全国の芸術系の大学に呼びかけたところ、６大学が参加しました。学生たちは夏休みと春休みの足かけ2年間、島に泊まり込み、島の人たちと交流を図りながら制作に取り組みました。

海水浴場に散歩に行ったり、来島者を案内すると、必ず大阪芸術大学のスケッチと題した四角い椅子に座ります。瀬戸内海を行き交う船をぼんやりと眺め、波の合唱を聴いていると心穏やかになります。小豆島、四国の山並み屋島、豊島の方を向いています。石の面を鉄ノミを使用して木彫り風に仕上げているので、石の冷たさよりほんわかと温かみを感じ、ちょうど休憩に適しているのでここでほっとくつろいでいました。私が案内した来島者はここで必ず記念撮影をし、コミュニケーションをとっておりましたので、作者たちの意に添っているなと感じていました。

大阪芸術大学「スケッチ」

ところが平成16年8月の台風16号で、500〜600キロはあると思われる四角い石の椅子20個が波にさらわれ、無惨にもあちこち散らばりひっくり返ってしまったのです。自然の力の恐ろしさに愕然としました。

大阪芸大は私が学んだ学園の姉妹校なので、特に親近感があり、力を入れておりました。学生たちがこの有様を見たら、さぞがっかりするでしょう。私を含め皆さんこの椅子をとても気に入ってくださっていたので。

関係者の皆様のお陰で1年がかりで荒れ果てていた海水浴場とキャンプ場が復活しました。平成18年度は海開きもできました。訪れた人にきっと快適に座っていただけると、今から楽しみにしています。

大阪芸術大学「スケッチ」

愛知県立芸術大学　未来に生きるモアイ計画②

この作品は未来に向けた望遠鏡のようなもので、ここから覗くと瀬戸内海を行き交う船や海鳥など、四季折々の風景が絵画のように見え、自分の未来をも予測できそうです。彼らに言わせると犬島の精錬所のレンガの積み重ねや、瀬戸内に吹く風や波などの風景を取り込んだ犬島の意識が集中する形だそうです。

彼らの主張は「一般的に芸術とは難しいもの、分からないものと思われがちですが、だれでもできるもの、特別な能力ではないと考えています。そこで芸術を身近なものとして感じてもらうために、一緒に作り、体験してもらいます」として犬島中の家を一軒一軒回って、重たい石を持参してきました。家の人に割ってもらって一緒に制作するという、若さの特権を生かした、すごく奇抜なアイデアを実行しました。まず20トンはあるという大きな石を持ち運べる大きさに割り、それをまた組み立てていくという方式です。じっとしていても暑い真夏、まして重たい石を手押し車に載せ坂道の多い島の道をえっちら、おっちら、どっこいしょと

愛知県立芸術大学「犬島風景」

汗だくで運んできました。削岩機で穴をあけセリ矢を入れた状態です。

「こんにちは。石を割ってください」

夏休みで息子も帰っていました。指示通りげんのうを振り上げ「よいしょ　よいしょ」と大きな掛け声の応援を受けながら、力を込めて石を叩きます。「わあ、割れた」島に住んでいても石を割るという行為は体験できないので歓びは大きいです。見事割れた石の前で記念撮影をしました。石で作った写真立てにその写真を入れ、裏面には石積みの見取り図が書かれていて、「在本さんが割った石はこの石です」と印がありました。ちょうど島の戸数の60個に割り積み直しています。どの家庭にも玄関には大切にその時の写真が飾ってあります。我が家も大切にしています。

愛知県立芸術大学「犬島風景」

京都市立芸術大学　未来に生きるモアイ計画③

「ヒロ、コスズ、とうとう出来上がったね。よう頑張ったなあ。こうして設置してみると一つひとつがおしゃべりを始めるようで、物語が次々と生まれそうよ」

私は親しみを込めて2人の若き女性アーチストに声をかけました。設置は東田石材㈲の石職人・吉川満さんが図面を見ながら行っていますが、他の大学は設置に立ち会っていないのに、彼女たちは作品の数が多い関係から自分たちが立ち会わないと配置が分かりません。他の大学より手間も多くかかっています。平成10年の夏には完成の予定でしたが、キャンプ場の建設と重なり11月下旬やっと設置が終わり、完成しました。

約8メートル四方の中に犬島にまつわる伝説や風景を織り込んで、詩的に表現した作品です。精錬所の煙突、犬小屋、階段、船、石臼等細かい物を含めると100個はあると思います。人懐こい彼女たちは制作期間でない冬場の時期もたびたび来島し、私からも島の歴史など熱心に学習しました。すっかり仲良しになり、親

京都市立芸術大学「浜辺の地図」

戚の娘のような間柄となりました。

ぴゅうぴゅうと容赦なく海から吹きつける潮風を受けながら作業にいそしんでいる姿には、愛おしさがこみ上げてきました。

「今夜、家に泊まる？　温かい物用意しとくわ」

「え、ホントですか。いいんですか」

「もちろんＯＫよ。女同士で語りあかそう」

「うわあ、ラッキー。頑張ります」

２人はノミとゲンノウを振り上げて、カッチンカッチンと最後の仕上げにいそしんでいました。

「私たちの作品は人と人、人とモノとの関わりを大切に考えて作ろうと始まりました。その成立していく過程は、ある意味でさまざまな出会いの物語でもあります」と言っています。作品の中に立っていると、彼女たちの声が聞こえてきました。

京都市立芸術大学「浜辺の地図」

京都精華大学　未来に生きるモアイ計画④

「完成じゃあな。あんたらあの子どもの代も孫の代もいいやぁ。この島がある限りずっと残って島のシンボルになるよ」

私は出来上がった石彫の犬の頭をなでながら、感無量で学生たちに声をかけました。

「台座を木彫りのようにしたんよ。どうですか？　このアイデア」

リーダーの中西君が自信に満ちた顔で言いました。彼らは京都精華大学の若きアーチストたちです。中西君は長髪を何本もの細かい三つ編みにしてビーズで飾り付けています。田舎のおばさんの私から見ると「変わっているなあ」と思ったけど、つきあってみると、普通の好青年なのです。数ある大学の中でも、我が家の別宅で生活しているので余計親近感があります。15トンほどある石の塊を、よくもここまで彫り込んだと感心しています。もちろん台座もひとつの石です。

この犬を彼らは港近くのだんご岩に設置したかったようですが、

京都精華大学「ふたライースラデペロ」

依頼主の岡山市が海水浴場付近にまとめて設置する方針なので、市の方にお任せしたようで、キャンプ場の小高い丘に海を眺める位置に設置し沖ゆく船を見守るように置かれています。

この作品のもっとも面白いところは、この犬は「ふた」だというところです。ふたをすること。ふたが少し開き、中にある物体が顔を覗かせていれば、中を覗き込んだり、イメージするだろう、そして中味を知り「破片」そのものの存在意義を考えるだろう、というのです。そのため彫り込んだ破片の石を全てここに運び、大きな穴を掘り、埋め込んでいます。

彼らは犬がメインでないと言いますが、私には犬島に一番相応しい作品ができたと大いに満足しています。島は石を掘り出し、島外に運び出すばかりで、島内には石彫作品は初めてですもの。私は清少納言の「翁丸」と密かに名を付けています。

京都精華大学「ふたライースラデペロ」

名古屋芸術大学

未来に生きるモアイ計画⑤

この大学の作品は一番大きく、原石は30トンはあると思われます。海水浴場の一番東側に据えられました。「犬島に生きる石」として、未来に向かって犬が吠えているような形で、小豆島の方へ向かっています。青い空と穏やかな海に犬島の花崗岩の白い色が磨かれ美しく映え、絵画を見るようで、明るい未来を予測しているようです。

「びっくりしました。どの石も大きいですね」と地元岡山出身でリーダーの渡辺君は、石のスケールの大きさに衝撃を受け「感動した」と言っておりました。犬島にしかないもの、犬島特有の文化にこだわろうと熱っぽく決意を語ってくれました。

島には犬石様の存在が生活の中に大きく根差していることに注目して、犬の姿を借りて島の中に映える造形物を造ろうと考えをまとめたそうです。

作品に仕上げて15トンはある石を、採石場から運び出し設置するのが大変な作業でした。設置を担当した東田石材㈲の石工職人

名古屋芸術大学「犬島に生きる石」

吉川満さんは、

「そのまま立てると高さがなくなるので、割石を下にいっぱい積め、コンクリートで固め作品とつなげたんよ。どうしようかと非常に困ったよ」と当時を偲んで話してくれました。

「こうしておけばどんな大きな台風が来ても大丈夫」と太鼓判を押してくれました。

世界を舞台に活動しておられる現代美術家の柳幸典氏を海水浴場に案内し、全部の作品を見た後の柳氏の感想は「名古屋芸大のこの作品がいいね」とおっしゃっていました。カーブの曲線や研磨機の磨きなど、大きいだけに相当手間がかかり大変だったなと思われました。

名古屋芸術大学「犬島に生きる石」

倉敷芸術科学大学　未来に生きるモアイ計画⑥

唯一地元の大学の参加です。総括をなさっているのがこの大学の濱坂渉教授です。島の人たちにとっては、学生たちが泊まり込んで制作をするということは、初めての試みなので不安もありました。人々は初めての意見交換会にはとまどいもありましたが、濱坂先生や市の方たちは私たちの意見になるべく添うようにしてくださいました。

2軒ある民宿だけでは足りないので、民家の空いている家も提供してほしいということで、我が家ともう一軒へ民泊しました。若い人たちは笑顔も良く、素直で島の人たちともすぐに溶け込みました。野菜ができれば差し入れし、コミュニケーションがよくとれていました。

彼らは周りが海なので海の波をテーマに考えたようです。穏やかな瀬戸内海の波は、その静けさゆえに不安と恐ろしさがある、潮の満ち引きによる波の運動を、揺れ動く優柔不断な不安定な学生たちの気持ちと重ね合わせて表現した、と言っておりました。

倉敷芸術科学大学「静かな犬島の波」

なるほどなあとうなずきました。

波の形に5つに割った石彫作品を耳がつんざくような「キーンキーン」という騒音を響かせて研磨機でピカピカになるように磨いていました。仕事にかかる前は可愛い乙女なのに、まさに石工職人です。その迫力には圧倒されました。ピカピカに磨かれた「静かな波」は、訪れた子どもたちがすべり台として親しんでいます。

ある日1枚のハガキが来ました。学園祭があるので来てほしいとのことです。地図も付いていたので出かけることにしました。初めての道はずいぶん遠くに感じられましたが、環境の良い広い場所に大学は建っていました。前衛的な作品が多く、私の固い頭には理解し難い作品でしたが、若い人のみずみずしい感性に触れ、のんびりと学園内を見学した日が思い出されました。

倉敷芸術科学大学「静かな犬島の波」

音楽イベント開催

平成18年6月24、25日に犬島公園キャンプ場で、犬島フェスティバルと題して犬島初の音楽のイベントが行われました。一晩中、打楽器を中心とした音楽の演奏会が開催されました。主催者の南波伸樹氏は、数カ月前から来島し、島内一軒ずつパンフレットを手渡し説明をして回っておられました。

若い人たちが２００～３００人参加するということなのですが、梅雨の最中で前日まですごい雨です。器材を運んで準備をしているスタッフの人たちに「雨が上がって無事に開催できたらいいのにね」と声をかけ、お天気になるようにお祈りしました。

夕方、雨に洗われて美しい木々の中を会場へと向かいました。打楽器の軽快な音楽がお腹の底までどんどんと響きます。主催者の南波氏が現れて案内をしてくれました。キャンプ場いっぱいにテントが張ってあり、若い男女が三々五々ゆったりと散策しています。なんだか私まで20～30年タイムスリップして若者になったようです。浮き浮きと自然に体が動きます。海に面したデコレー

音楽イベント開催される

ションステージの前では男女が音楽に合わせて踊っています。陽が落ちた瀬戸内海はキャンプ場全体を包み込み、幻想的でファンタスティックな雰囲気になってきました。スタッフの森本達哉さんは「海があるっていいですね」と喜びいっぱいの笑顔で語ってくれました。

この日のメインは深夜0時からのライブだそうで、日本語のお上手なギニア共和国出身のマムドゥ・ジャバテ氏を紹介してくださいました。彼は伝統楽器継承一族の本家ジャバテ家に生まれ、300以上に及ぶ全てのリズムを習得され、マスタードラマでその実力は高く評価されているそうです。日本ツアーの正式メンバーで、山崎まさよしさんなど日本のミュージシャンとの共演も多く、サッカー・ワールドカップ、キリンのCMテーマソングの作曲、編曲、ボーカルも担当しているすごい人だそうです。

どうも深夜は苦手なので、せっかくのライブですが鑑賞しないで帰宅してしまいました。イベントは大成功のようでした。

マムドゥ・ジャバテ氏と南波氏

恒例となった島展「犬島時間」

　平成18年8月2日から6日まで恒例となった島展「犬島時間」が開催されました。平成18年度岡山市芸術祭の主催事業として行われました。「朝日が登る時間　昼の時間　夕の時間　夜の時間、どこをとっても美しい島。ゆったりした空気を堪能してください。島全体を歩いて風景の魅力をお楽しみください」のキャッチフレーズで始まりました。代表の写真家青地大輔氏は数年前来島し、犬島のとりことなり、島の人たちや風景を撮り続け、仲間とともに写真展を開いています。

　3回目となった今回は青地氏の企画でガラス作品、空間フラワーなど趣向が変わっています。ギラギラと照りつける太陽の下早速会場を訪れました。旧郵便局舎は明治時代に建てられ、レトロな雰囲気が美術展にぴったりです。

　昨年から出展しているガラス作家、中野由紀子氏の作品を最初に鑑賞しました。思わず「わあ、かわいい」と買い求めたくなるようなペンダントや小品の花瓶やグラスが並んでいます。作品に

犬島時間「イヌジマ」

は生花も添えられ、良い雰囲気です。会場に地図が張ってあるので、それを頼りに展示場から飛び出しました。ＳＥＩＫＯ（空間フラワープロデュース）は、島では昔、どの家にもあった古い大きな備前焼の水瓶に、熱帯の大きな花を生けています。それがまたよくマッチしています。海水浴場へ通う道の石塀の上にはツル状の物に赤く色付けした作品に緑の植物の大作が生けられています。初めてのことなので新鮮です。

山の神神社に、汗を拭き拭き石段を登りました。「そっと覗いてください」とあります。石井葉子氏の作品「イヌジマ」は「人間ライオン」のような人形が約30体ほど重なり合うように奉納してありました。目は島の精錬所跡にある精錬カスのキラキラと輝く黒い砂を使用しているそうです。妖怪か？　神か？　覗いた瞬間ドキッとして面白い作品で存在感はありました。

暑い期間、若いエネルギーの結集した「犬島時間」を十分に楽しませていただきました。期間中は約３００人のヤングレディーたちが島の中を闊歩し、ゆったりとした時間を過ごしていました。

犬島時間「青地大輔氏」

アートの島へと発信

世界を舞台に活躍する現代美術家の柳幸典氏は平成7年に、犬島にヨットで訪れ、銅の精錬所跡の廃墟を見て強い衝撃を受けました。2、3回目においでになったとき島を案内しました。空き家を借りてここにアトリエを造り創作活動をしたいとおっしゃいました。精錬所跡地全体を庭園美術館のようにしたいのだと夢のような青写真を描き、見せてもらいました。

大煙突の中にネオンを組み込んだもの。採石場跡の池に浮島を造りホタルを飛ばす等、奇想天外な楽しい話でした。芸術家とは夢とロマンにあふれているものかと驚いたものでした。当時、学校跡地（現岡山市立犬島自然の家）が空いたままの状態だったので、そこを借りたいと希望しておられましたが、宿泊施設建設の下準備ができていたのでダメでした。管理をしている岡山市からその時の中山扇治町内会長のお世話で旧郵便局舎を借りました。数年間、弟子たちと数カ月は住んでおられました。大学出たての若いお弟子さん3名、柳氏、奥様でマネージャーの長元子氏も島

柳氏夫妻

に溶け込み、島の人たちも若い彼らを歓迎し、活性化の始まりと喜んでおりましたが、お子様の誕生で引き揚げてしまわれました。あの計画は雲の上の夢物語かと思っておりました。

平成13年にベネッセ会長福武總一郎氏が精練所跡地の大部分をお買い上げになりました。突然、福武氏より電話があり精練所跡地をご案内しました。そして「素晴らしいものがよく残っていたね。大切に保存するからね」と熱い約束を交わしてくださいました。そして平成14年、福武文化振興財団の後援もあり、岡山市芸術祭の中心企画として「犬島アーツフェスティバル」が開催されました。

島に思いを寄せてくれた柳氏が、平成15年10月に岡山に事務所を開設し「犬島アートプロジェクト」を始動させました。煙突は「天と地をつなぐ装置」とし、三島由紀夫氏の「イカロスの塔」をモチーフにアートを再生させようというのです。15年から20年後の完成のようで、アートを発信する島の行方をみんなで元気に見守りたいと思います。

あとがき

昭和51年に故郷犬島へユーターンした時には約２６０人の人が住んでいました。犬島学園（幼、小、中）も私が通学していた時より子どもたちは少なくなっておりましたが、まだ活気があり学校行事も町内会の行事も小規模ながらできておりました。帰ると同時に幼稚園の産休代理を頼まれ勤務しました。

子どもたちと関わる機会は増えたのですが、年々児童、生徒数が少なくなる様子を見ていて、この島に子どもの姿が消えるのかと非常に寂しくなりました。

島に歓声をあげて走り回る子どもがいない。この姿を何らかの形にしなくてはと思い、島の子どもたちの姿を童話で表わそうと考えました。童話の中に犬島の歴史を織り込みたく調べを進めていくと、私が考えていた以上に長い歴史の犬島がありました。学者でないので系統だった勉強は出来ておりませんが、書物の中に「犬島」の文字を見つけると胸が高まりました。平成3年には子どもたちも巣立っていき、犬島学園も閉校となりました。

私が見たこと、経験したこと、考えてたこと、記録に残しておきたい諸々のことを平成16年9月から平成18年12月の2カ年に亘って岡山日日新聞社に「犬島物語」として105回連載させて頂きました。

その連載記事を元に一部追加、修正させて頂き本書が出来ました。本書は福武教育文化振興財団の助成を頂き、発刊することが出来ました。財団関係者の皆様にはたいへんお世話になりました。

また編集、校正につきましては拙い文章であったのを、吉備人出版の山川隆之氏に非常にご尽力を頂き、良いものにすることが出来ました。誌面をお借りして厚くお礼申しあげます。

在本桂子

平成19年12月

〈参考文献〉

「邑久郡史」（邑久郡史刊行会）
「津田永忠」（柴田　一著）山陽新聞社
「吉備の歴史に輝く人々」（柴田　一著）　吉備人出版
「犬島の散歩道」（井上兼一著）　自費出版
「桃太郎伝説」（橋本仙太郎著）　自費出版
「曽田香料（株）社史」
「釣り魚カラー図鑑」（豊田直之　西山徹　本間敏弘共著）西東社
「野草」（平野隆久著）　永岡書店
「日本の貝(1)（2)」（監修　波部忠重）　学習研究社
「犬島の石嫁ぎ先発見の旅」(犬島再発見の会)　自費出版

在本桂子（ありもと・けいこ）

1944年岡山市犬島生まれ。在本商店（飲食、土産）を営業。犬島婦人会事務局、犬島再発見の会代表として島内を訪れた人たちに島の魅力を伝えている。「岡山の歳時記」編集委員。著書に「定紋石を見つけた」（『岡山の童話』に収録・リブリオ出版）、『犬島の石　嫁ぎ先発見の旅　犬島ものがたり』（自費出版）など。日本児童文芸家協会、いちばんぼし童話の会、西大寺郷土芸能フェスティバル実行委員。

福武教育文化叢書（1）

犬島ものがたり

アートの島の昨日・今日・明日

2007年12月31日　初版発行
2013年3月31日　第2刷発行

著　者　在本桂子

協　力　公益財団法人福武教育文化振興財団
〒700-0807　岡山市北区南方3-7-17
電話086-221-5254　ファクス086-232-3190
http://www.fukutake.or.jp
発　行　吉備人出版
〒700-0823　岡山市北区丸の内2丁目11-22
電話086-235-3456　ファクス086-234-3210
ホームページhttp：//www.kibito.co.jp
Eメール　mail：books@kibito.co.jp
印　刷　広和印刷株式会社
製　本　株式会社岡山みどり製本

ISBN978-4-86069-188-2　C0095

福武教育文化叢書刊行に寄せて

財団法人福武教育文化振興財団は、岡山県内の教育、文化の振興をめざして日夜活動されている方々を一層支援できる体制をとるため、2007年４月１日、福武教育振興財団と福武文化振興財団を統合し、新たな歩みを刻んでいます。

教育と文化は二つの異なるテーマではなく、相互に関係するものであるとともに、未来を考える上でも極めて重要であることはいうまでもありません。

財団では、これまで教育的分野では「福武哲彦教育賞」「谷口澄夫教育奨励賞」を、文化的分野では「福武文化賞」「福武文化奨励賞」の贈呈などを通してその活動を顕彰してまいりました。また助成事業として教育的分野では教育研究や大会開催に伴う助成をはじめ、英語力や個性的な教育の実践を支援するほか、文化的分野では伝統的な文化を守る活動、新しい文化の創造、地域つくり、環境保全などの活動や調査研究などを支援するための助成を行ってまいりました。

教育、文化活動において、その成果を広く地域の人に知っていただく有効な表現方法として、出版物の刊行が考えられます。また地域における出版活動は、地域の教育・文化の向上に欠かせない分野であり、地域出版の振興は、教育、文化の振興と密接な関係にあるといえましょう。

このような意義をふまえ、福武教育文化振興財団では、「地域の教育・文化に携わる人々を支援する」という視点から、財団が顕彰、助成した方々を著者とした「福武教育文化叢書」の企画・刊行を行うことにいたしました。

福武教育文化叢書は、ひと言でいえば、教育、文化活動を出版活動で支援するというもので、財団の活動を日常的に広く県民の皆様に知っていただける機会にもなると考えております。

岡山県は全国的に見ても深い歴史と伝統を受け継ぎ、レベルの高い文化を生み出している県と言われております。日夜岡山の教育文化の向上に努力されている方々に敬意をはらうと共に、この叢書の刊行により、岡山の発展を支えている人々を一層支援していくことができればと願っています。

2007年12月